COLUMNAS PUBLICADAS

Artículos sobre Mejoramiento Continuo

Tomo No. 1

CARLOS ROMANO

FLORES MOLINA

DEDICATORIA

Con devoción, a la memoria de mi abuelo materno
Dr. Carlos Molina Mallorquín,
abogado, jurisconsulto, agrimensor, hombre autodidacta,
estudioso, explorador, *disfrutador*, sibarita, pero, sobre todo,
lector incansable sobre tantos campos del saber, un
intelectual de tiempo completo, alguien quien
verdaderamente estuvo muy adelantado a su tiempo.
Pienso que él sonreiría feliz por el destino que tuvo aquella
su biblioteca olvidada en el fondo de la casa.

CONTENIDO

AGRADECIMIENTOS

Al equipo logístico de *La Casa de las Ardillas,*
nuestro hogar:
a mi esposa Evess Ruiz;
a Claudia Valle, nuestra fiel y diligente asistente del hogar.
También y sin olvidar sus contribuciones:
A Káloz, Chale, Karlita,
A Tino;
A Minga Rosa, Lucho;
Al *Maestro Fo,*
A *Churchill, Tolonco, Montgomery, Quetilla,*
Mil gracias a todos por proporcionar el lugar de
tranquilidad que, desde donde escribir,
es la mejor distracción del mundo.

1 POLICÍA Y DERECHOS HUMANOS – AEROPUERTO INTERNACIONAL

Nicaragua va de mal en peor, de esto no hay duda. Y esto aplica principalmente a los Derechos Humanos, sobre todo en las violaciones que supuestamente han sido cometidas por la Policía Nacional en varios eventos documentados en los últimos informes locales e internacionales sobre la materia. Una muestra de lo anterior. Soy ejecutivo de área para Centroamérica y la parte Andina en el campo de mi especialidad en una empresa multinacional desde hace catorce años.

El 14 de febrero de 2008, al mediodía, regresaba de Quito de impartir un seminario a la afiliada local, cuando en el Aeropuerto Internacional de Managua fui abordado por una oficial de policía de nombre Marisol, quien después de preguntarme de dónde procedía, me conminó a acompañarla a uno de los cuartitos de los que dispone esta unidad en el aeropuerto. Allí fui sometido por esta oficial al más agresivo de los interrogatorios –así, "interrogatorios"– no que entrevistas, llegando al colmo de que esta agente en forma alevosa y violatoria del arto. 12 de los DDHH, para referencia de ella: (Nadie será objeto de injerencias arbitrarias en su vida privada, su familia, su domicilio o su correspondencia, ni de ataques a su honra o a su reputación.

Toda persona tiene derecho a la protección de la ley contra tales injerencias o ataques), procedió a leer abusivamente la correspondencia que llevaba conmigo, la que reviso en mis constantes viajes, asimismo husmeó mi bitácora personal y de negocios, espiando en forma lesiva y violatoria para mi integridad personal, detalles específicos que después preguntaba para "verificar" su precisión. Con preguntas rayanas en lo ridículo, que solamente son producto de una falta total de capacitación profesional, dicha oficial interrogaba: ¿Qué comió anoche?; ¿Por qué se llama así ese restaurante?; Si dio una charla a una empresa, ¿por qué no les entregó títulos de participación? , amén de otras preguntas reiterativas, acosadoras y sin ningún tipo de ilación lógica, que me pareció trataba más bien de hacer creer a sus superiores que mediante este tipo de interrogatorios agresivos es una oficial "destacada". Esta agente con una notoria falta de autoestima nacional cree imposible que hallan nicaragüenses que demos conferencias y cursos en el exterior.

Las maneras toscas y los procedimientos lesivos con que policías como éstos abordan a los pasajeros y visitantes al país, son típicas de organismos represivos, de un verdadero estado policiaco, y hasta se mostró molesta cuando le llamé la atención sobre el trato violento contra mi maleta de equipaje, previniéndola que si le causaba daño ella o quien correspondiera tendría que pagarla, para lo cual yo formularía una queja formal, mofándose como un reflejo claro de la mentalidad totalitaria de quienes desprecian la propiedad privada y tienen como norma la brutalidad de sus acciones amparándose en su condición de autoridades.

Como nicaragüense consciente que ama a su país, celebro que la PN realice este tipo de operativos tendentes a identificar actividades ilícitas, —y los apoyo decididamente— pero como profesional y como conocedor de mis Derechos Humanos, lamento que este tipo de personas y métodos, sean utilizados en forma impune y con la alevosía que este caso tiene como muestra, y que evidencia que debe ser el triste actuar cotidiano de esta unidad allí destacada.

Llamo la atención a la señora Aminta Granera sobre estos casos, a quien todavía, pero cada vez menos, puedo darle un voto de confianza, de que coloque en la cara del país — el Aeropuerto Internacional–, a lo mejor de la oficialidad más preparada de la Policía Nacional, y no a personas rústicas y sin preparación que no saben ni encender una computadora, y que carecen de una mínima preparación académica, de maneras y trato al ciudadano, sin contar con la principal característica que deben tener como servidores públicos, una sólida formación en los Derechos y Deberes que les atañen como autoridades, y no como violadores de los Derechos Humanos, que es lo que hacen estos agentes, y que lejos de vincular al ciudadano en identificarse y apoyar estas labores, más bien causan repudio y cólera ante estas vejaciones como las aquí narradas. Cualquier abuso reportado por otras instituciones migratorias extranjeras palidecen ante esta muestra local. *No hay peor cuña que la del mismo palo.*

Por otro lado, es deleznable y atentatoria contra la buena vecindad internacional estigmatizar a ciudadanos de países hermanos como Colombia y Ecuador, y a viajeros de estos destinos y procedencias "prohibidas" por sus problemas internos, o estigmatizar a un pasaporte que tenga visa de negocios a estos países, y no ver la cara muy sucia de nuestro país con los mismos problemas y tantas fallas institucionales y desgracias sociales para exportar, por no decir el cuestionamiento a los supuestos métodos policiales que se publican en estos días. Le referí a dicha oficial Marisol cuando llamaron a la empresa que le trabajo localmente y le confirmaron toda la información por mí brindada sobre mi viaje, -ya no quiso seguir revisando- que ojalá que tuvieran el valor cívico y las hormonas de hacer estas requisas "aleatorias" a cualquiera de los miles de familiares y allegados al gobierno que ostentan pasaporte diplomático y que transitan sin obstáculos por el salón VIP, que sería interesante que procedieran a aplicarles los mismos "procedimientos", vamos a ver cuántas horas duran en el puesto, si es que no los echan de inmediato. Lo fácil es intimidar al ciudadano de a pie, lo difícil es aplicar la ley a todos.

2 EDUCACIÓN CONVENCIONAL, CAMBIO DE PARADIGMA

La pregunta central del estudiante de secundaria es –si acaso tiene una vocación o conciencia de la responsabilidad de su propio desarrollo– ¿qué carrera voy a estudiar?

El cuestionamiento no es sencillo, primero que todo, por la dificultad que entraña pensar en forma verdaderamente autónoma a esa edad. Es necesario hacer algunos apuntes para lo que acaso pudiera ser útil, como referencias de lo que está aconteciendo en nuestra propia realidad y vincularlo con las tendencias globales.

Si el estudiante tuviese, en ese momento crucial, el conocimiento y dominio de las herramientas de análisis de proyectos, para descontar y evaluar flujos de efectivo para medir su verdadera rentabilidad (TIR) y Valor Actual Neto (VAN), así como la conciencia del costo de oportunidad económico; es posible que la piense varias veces antes de ingresar a una carrera formal, y más grave aún, en forma presencial en una universidad local.

La "línea de ensamblaje" de profesionales egresados de universidades –en las cuales se carece totalmente de investigación relevante–, hace que sea un espejismo conseguir a través de un título de valor muy relativo –por no decir cuestionable– la inserción en un mercado que no requiere más de las habilidades y competencias tradicionales, en que el producto resultante de las llamadas universidades dista mucho de lo requerido en una economía arrastrada por la globalización, tendiendo mucho más a los servicios y a la especialización en habilidades tecnológicas, y no seguirse enfocando en la producción de mano de obra barata.

La formación universitaria en Nicaragua requiere fundamentalmente formar personas con capacidades emprendedoras, quiero decir: ejecución, convertir ideas en negocios productivos reales. El paradigma a nivel mundial está cambiando aceleradamente, con una orientación al desarrollo de negocios, "*emprendedurismo*", y no más en el modelo de aportación de mano de obra cuestionablemente calificada, sin posibilidad de articulación socioeconómica real.

El concepto tradicional –o más bien, "aspiracional"– del médico, el abogado, el administrador, son formaciones ilusorias, ahora generalmente sin futuro. La inveterada ilusión de los padres de familia de ver a un hijo-a graduado y "encorbatado", con el correspondiente traje y el deferencial título de "doctor", está quedando tan obsoleto como eso que le llamábamos fax.

La formación técnica vocacional y la educación universitaria selectiva, - materias de escogencia personal sin compromiso de carrera específica-, es la vía más indicada para un país como Nicaragua, que requiere reconvertirse primero culturalmente para entender que esas profesiones de antaño dejaron de ser viables.

Proyectos Productivos, Desarrollo de Pensamiento Crítico, Comunicación, Colaboración, Pensamiento Creativo, Técnicas de Resolución de Problemas, todas virtuales, deben ser ejes de formación para aquellos autodidactas e independientes que quieran romper el círculo vicioso de venta de mano de obra sin futuro.

El gradual posicionamiento de nuestro país,

principalmente, como un destino turístico, sin una marca país aún significativa, -pero con una economía de servicios en crecimiento- trae oportunidades verdaderas en esas áreas específicas.

La especialización en redes sociales, apenas incipientes en la gestión comercial y servicio al cliente, serán absolutamente imprescindibles en cortísimo tiempo. La gestión de ventas e interacción basada en estas plataformas, demandan ya especialistas, verdaderos emprendedores o *intraemprendedores* dentro de las organizaciones.

Afortunadamente, esos talentos están conformados técnicamente por adolescentes, quienes, al decidir ingresar a una universidad tradicional sin una reflexión exhaustiva, más bien retrasarían su extraordinaria formación de competencias potenciales autodidactas y selectivas, que pueden lograr fuera de ese ambiente arcaico de aprendizaje.

Los cursos que ofrecen las universidades locales son, técnicamente, un juego de párvulos, comparados con las materias ofrecidas en plataformas gratuitas, tales como coursera.org, con 6 millones de educandos globales, entre otras universidades competitivas del mundo, creciendo a diario en forma exponencial. La gestión de la educación virtual gratuita, personal y empresarial, será verdaderamente una oportunidad para que cada uno, y cada empresa, pueda enfocarse en sus áreas competitivas.

¿Vale la pena entonces una educación tradicional? *Averígualo hoy en línea.*

3 MANAGUA Y SU CAOS VIAL

Quien pueda tomarse unos segundos y figurarse cómo será el tráfico vehicular en los próximos tres años, probablemente se imaginará un infierno, no obstante, se quedará aún muy corto en su visión, puesto que a lo que verdaderamente nos estamos acercando es a un colapso total del tránsito vehicular en la capital.

El tráfico desde y hacia la carretera a Masaya ha agotado la capacidad de diseño. La reciente ampliación de un pequeño segmento de esa ruta fue solamente un paliativo ineficaz, cuya holgura quedó superada de inmediato, dejando expuesta la insostenibilidad de la situación.

Más allá de las visiones caóticas, lo que sí deja perplejo es la olímpica pasividad de la administración edilicia, en plantearse verdaderas soluciones sistémicas al acuciante y monstruoso problema vial.

Algunas experiencias exitosas integrales apuntan a que el desarrollo de un transporte público de calidad, entre otro grupo de medidas complementarias, deben realizarse para evitar el desastre:

• Migración hacia un solo sistema de transporte vial colectivo estandarizado y con carril exclusivo de circulación. La experiencia de Transmilenio en Bogotá es una de las más exitosas del mundo. Enrique Peñalosa, exalcalde de esa urbe, consultor de diseño de ciudades eficientes, ha señalado que el transporte público de calidad es la única forma de expresión real de democracia y equidad. La creación de estaciones de trasbordo de transporte público y privado, en puntos claves del casco urbano de Managua, deberían ser considerados urgentemente.

• Demarcación de áreas peatonales vedadas al tránsito vehicular. Esto es mucho más que urgente; era para ayer mismo. El proyecto de la Managua peatonal debería ser prioridad uno. Las zonas desde la Rotonda Centroamérica–Altamira hasta Catedral deberían ser gradualmente migradas para el uso peatonal y de bicicletas, contando en sus extremos terminales de enlaces o troncales hacia otras partes menos congestionadas de la ciudad. La circunvalación concéntrica de Managua debiera ser una obra vial impostergable.

• Ciclovías. Para que se promueva el uso masivo de la bicicleta como alternativa de transporte, se debe primero iniciar cuanto antes la construcción de las ciclovías –las que requieren una baja inversión relativa- para que le brinden condiciones y dignidad al ciclista. Es increíble cómo alguien se expone a la muerte con este tipo de vehículo, ya que las administraciones municipales han invisibilizado al ciclista, exponiéndolo a ser carne prensada de los automotores, sin la mínima condición para su circulación segura. Estas ciclovías deberían conectar eficientemente las principales áreas industriales y centros de oficinas. Paralelamente, el uso de la bicicleta debería ser estimulado como una política municipal, no solamente en Managua, sino en las cabeceras departamentales con la misma enfermedad. Habría necesidad también de estimular el cambio cultural, por ejemplo, mediante la emisión de créditos fiscales a las empresas para dotar a su personal de estos insuperablemente eficientes vehículos de transporte. Ámsterdam tiene un 38% de uso de bicicletas, y un millón de ellas, para 2.4 millones de habitantes; ¿si esto lo hace un rico país europeo, por qué no nosotros, el segundo país más rico, pero solo después de Haití?

• "Pico y placa": Esta medida establecida por Peñalosa en Bogotá en 1998 es ya absolutamente necesaria en nuestra capital. Restringir terminaciones específicas de placa en las horas pico. Es la más simple de hacer cumplir por los reguladores.

• Inversión temporal de carriles en horas pico: Panamá ha establecido desde hace años esta modalidad controlada por reguladores de tránsito. Es absurdo que a las 6.00 pm la carretera hacia Masaya se halle colapsada, y desde allá, esté con un tráfico muy bajo, pudiendo utilizarse al menos dos de sus carriles de regreso para descongestionar el tráfico saliente.

"Una ciudad verdaderamente avanzada no es aquella en donde todo el mundo tiene vehículos de alto precio, sino en donde los ricos utilizan el sistema de transporte público", puntualiza Peñalosa, otrora exitoso alcalde, ahora también convertido meritoriamente en un brillante científico social.

13-diciembre-2013

4 ¿NICARAGUA MEJORA EN SERVICIOS TERCERIZADOS?

Cualquiera que lea esta noticia divulgada con bombos y platillos pensará, tal vez, que se ha producido algún salto cuántico o milagroso en nuestra competitividad. Veamos, antes de alegrarnos, desde dos perspectivas lo que esto realmente puede significar.

Algunas personas pueden tomar la noticia a su valor nominal, entendiendo que ahora somos más eficientes, ya que, según se dice, la ciudad de Managua avanzó ahora, de no aparecer en una lista sino hasta hace dos años, a escalar ocho posiciones entre los 100 destinos de tercerización (*'outsourcing'*).

Para ciertos sectores puede haber una lectura feliz de la noticia; pero es importante contrastarla, ya que algunas de las pretendidas ventajas podrían ser simples bendiciones imaginarias.

Los razonamientos que se aluden son recurrentes: la manida posición estratégica, abundancia de recurso humano calificado, infraestructura avanzada, así como la "estructura de costos más competitiva de la región" y ultra sexis atractivos fiscales.

¿Cuánto es el balance integral que aporta la tercerización al país? Como nicaragüense, estoy a favor de la creación de empleos, aunque aquí sea eso todavía una aspiración más que un derecho; y uno con proyecciones, una legítima rareza.

Los empleos ofrecidos por las empresas de tercerización en Nicaragua son un excelente negocio para sus propietarios, de eso no hay duda, en virtud de los particulares factores país: desempleo, bajos salarios, inequidad fiscal. Pero ¿son verdaderamente los oficios que requiere el país? ¿Existe acaso desde estas empresas una verdadera transferencia de tecnología y desarrollo de talentos locales —expectativas que han fijado como cualidad verificable otros países— para estimular el establecimiento de estos centros de trabajo?

Entiendo perfectamente la dureza de las circunstancias que vivimos, pero es necesario hacerse el planteamiento de si estos puestos verdaderamente subirán de nivel el conocimiento, capacidad técnica, formación y articulación profesional del personal, o si son una solución más de corto plazo.

¿Qué capacidades productivas transferibles están siendo asimiladas? ¿La preparación académica previa en la que invierte dinero escaso un joven estudiante se corresponderá con el retorno de los salarios allí devengados? ¿En cuánto tiempo recuperará este su inversión?

En Costa Rica operan plantas de Intel, la empresa que fabrica la mayoría de los microprocesadores de computadoras, ya desde un lejano 1997. Es indudable que este tipo de tercerización es de un nivel muy superior a cualquier referencia, siendo el producto de una verdadera gestión y agenda de nación, asegurándose que los empleos ofrecidos por estas organizaciones tengan un impacto productivo multiplicador, no solamente en proveer la obviedad de un salario, sino en crear y desarrollar recursos profesionales locales de mucho mayor nivel del que originalmente encuentran, formando habilidades críticas necesarias, así como un crecimiento verdaderamente orgánico del sector productivo.

Es de preguntarse si la referida posición de competitividad en tercerización que ahora hemos alcanzado —de acuerdo con esa publicación— acaso no se corresponderá más bien con el vacío dejado por el crecimiento experimentado en esos otros países, en sectores verdaderamente innovadores, con creación de empleos fijos y sostenibles; o bien, como resultado de su selectividad creciente para gestionar la incursión de empresas de mayor impacto productivo y social. Me queda la duda.

Para quienes contemplan su decisión de ingreso a estas empresas, es necesario ejercer pensamiento crítico y sopesar las ventajas que pudieran encontrar en un trabajo inmediato, en el cual no se les permite ascender verdaderamente; versus la aventura de emprender verdaderos proyectos productivos individuales, con certidumbre de obstáculos, tropiezos y dolores, pero no exentos de la posibilidad de éxito para forjarse su propio e independiente destino.

31-diciembre-2014

5 REQUIEM POR BOSAWÁS

Siempre he tenido la certidumbre de que las semblanzas que se han escrito sobre nosotros, los nicaragüenses, han sido cuando menos ingenuas, verdaderas precursoras de los "publirreportajes".

Desde "Nicaragua en los Cronistas de Indias", de Oviedo; "Nicaragua de Océano a Océano", de George Ephraim Squier; "El Nicaragüense", de PAC, hasta los retazos más o menos dispersos que se han logrado recopilar sobre nuestro ethos colectivo, pienso que son retratos pastoriles, pintorescos y hasta simpáticos.

Los referentes folclóricos que han tratado de retratar la personalidad del nicaragüense son equivocados, puesto que retratan un perfil que, si alguna vez existió, no corresponde con la forma en que ha evolucionado nuestro software mental.

Hace falta escribir un libro que debería titularse "El Nicaragüense 2.0", o bien, "El Nicaragüense del siglo XXI", que se corresponda a la realidad de qué es ahora —o que a lo mejor siempre ha sido— el habitante de este país.

La forma en que la sociedad nicaragüense ha tomado el problema de Bosawás, la pasmosa resignación ante su exterminio y desaparición es una oportunidad para mostrar nuestros verdaderos rasgos colectivos.

El "me vale", por no mencionar el expletivo completo, es nuestra expresión más distintiva. Ver el pulmón verde de Nicaragua siendo sometido al oprobio del pillaje final de una mafia que brilla por su excelente desempeño empresarial en mantener la creencia de que hay medidas "de Estado" y un "Decreto Presidencial" para protegerla, son recursos de opereta y antifaces de la verdadera custodia; patente de corso con que cuentan para su saqueo inmisericorde. Y es, a la vez, una de las más depuradas técnicas de embuste nacionales.

Farsa vil es hacer creer que se está protegiendo algo de importancia transgeneracional, pero que en la realidad es solamente una campaña de Relaciones Públicas para disfrazar el milimétrico expolio de esa reserva.

La ausencia de compromiso, la trivialización de todo, la hipocresía, son también conductas que podrían definirse sin miedo a la duda o a la generalización, como atributos de la "Marca Nicaragua".

Entes y encargados hablan de la protección de la reserva, pero nadie se compromete con acciones in situ. Mueve más a la opinión pública las causas fatuas, que un tema de agenda país. No hay más que tibias declaraciones y pirotecnias verbales ante la depredación a nivel industrial que sufre esa región, que ahora tiene más abogados por kilómetro cuadrado que cualquier otro lugar, quienes legalizan sin rubor tierras patrimoniales de todos los nicaragüenses.

La dualidad de nuestras palabras es también un adorno perverso que llevamos todos como una maldición. Cortedad de visión. Bosawás vale infinitamente más como reserva que como madera y tierras de pastoreo.

Sin ir muy lejos, nuestros vecinos han podido hacer una imagen mundial que produce dinero por la administración racional de su biodiversidad, la cual es admirada por su preservación como un activo intergeneracional.

Indecisión y mentalidad de espectador. El nicaragüense piensa que su país es una casa que no es de él, sino que es propiedad de alguien más, y acontece que allí está alojado solo de tránsito. Todos los eventos desfavorables que ocurran son situaciones que no lo involucran a él, sino al que maneja la casa.

Se piensa equivocadamente que esta mentalidad de huésped no involucrado es uno de los programas mentales más perjudiciales en nuestra idiosincrasia.

Tercerización de las responsabilidades. La culpa es siempre de alguien más. Esta mentalidad se muestra en todo su monstruoso esplendor cuando el gobierno entretiene a la ingenua opinión pública con el conocido estratagema del "opositor interno".

Este juego consiste en quejas de los funcionarios sobre su supuesta impotencia ante las incontrolables acciones de "los otros", tratando de desviar la atención sobre la permisividad, lenidad, connivencia y complicidad abierta de toda una mafia organizada como verdaderas corporaciones de negocios que saquean sistemáticamente, no solamente Bosawás, sino todos los lugares donde haya recursos naturales, sin molestas rendiciones de cuentas.

24-enero-2014

6 FACTORES CULTURALES QUE BLOQUEAN INNOVACIÓN

Se ha hablado y escrito recientemente sobre este tema, en el cual Nicaragua aparece aplazada en forma lamentable. Se brinda una serie de razones, que pueden tomarse como meros ejercicios intelectuales sobre un futuro incierto, acaso inalcanzable, desde lograr tasas de crecimiento inéditas hasta replicar éxitos de países que se están escapando del subdesarrollo, como es el emblemático caso de Chile, en el cual la mentalidad innovadora de su tejido empresarial se ha venido a colocar en lugares de referencia para Latinoamérica y el mundo.

El problema es muy serio, porque si no innovamos como país, se corre el riesgo de mantenerse en el terrible statu quo en que gravitamos: una economía de juguete, adicta a las remesas del exterior y a bonanzas coyunturales de materias básicas, y favorecida en parte por el efecto de sustitución de nichos que van desocupando otros países emergentes en el carnaval de incentivos fiscales, y de otros tipos, para empresas que requieren recurso humano barato y poco preparado. Allí es nuestra liga.

Con el ambicioso debate actual se percibe que, más allá del surgimiento milagroso de una cultura innovadora en el país, es conveniente revisar las prácticas actuales que se tienen a nivel de ciertas empresas, para, al menos, identificar trazas culturales que actúan como sesgos y barreras hacia la innovación de cada organización.

Entre más organizaciones puede uno conocer como un proveedor de servicios profesionales, se llega a dar cuenta de que los factores culturales —verdaderos o supuestos— son la piedra más grande que bloquea el potenciamiento innovador. El planteamiento personal se orienta en forma muy modesta hacia cualquier propietario o gerente de empresa con una presencia notoria en el mercado, y es que la mayoría de estas trabas son generadas y mantenidas desde adentro, con una complacencia consciente o inconsciente.

Se nota que cuando en una empresa se trata de resolver problemas para los cuales se requiere de cierto grado de innovación o creatividad, los últimos que se dan cuenta de que pueden aportar son precisamente ellos —los expertos—, los colaboradores a quienes simplemente "no se les ha dado el permiso" de expresar sus ideas o planteamiento de soluciones innovadoras. A las pruebas voy.

Usted, propietario o gerente de empresa: ¿cuántas iniciativas formales tiene en este momento dentro de su compañía que hayan sido solicitadas al personal para la solución de problemas que requieran innovación, pensamiento creativo o ruptura de moldes tradicionales de acción?

¿Cuál es el historial de resolución de problemas creativos en los cuales ha participado activamente su personal sin distingo de rango? ¿Cuántas ideas implementadas se han recompensado en forma atractiva? ¿Cuál es la verdadera percepción de los colaboradores sobre el aprecio a sus propios planteamientos para la búsqueda de un mejor método, productos, procesos o de otras formas de brindar servicios más útiles a los clientes, entre mil otros tópicos que promuevan la innovación?

Los referentes culturales que tenemos como país son

graves. En muchas empresas empieza desde el proceso de selección y reclutamiento. Se contratan personas con el criterio de remuneración más baja, pero no se hace énfasis en la búsqueda agresiva de aquellas personas suficientemente independientes que puedan aportar ideas o planteamientos innovadores;

se busca lo más barato y con talentos de obediencia, subordinación y pensamiento lineal. Si alguien eventualmente luce con más destellos creativos que incluso su propio supervisor (a), se le sanciona moralmente por esta "norma errada de conducta", ya que culturalmente está prohibido lucir más talento que quien te hace el favor de ser tu superior.

La típica frustración común escuchada es: "necesitamos ser más innovadores y que nuestra gente sea más creativa"; eso no surge espontáneamente, tiene que desarrollarse en un ambiente que facilite ese comportamiento. Si en una empresa se centra todo excesivamente alrededor de la producción o la reducción de costos, tarde o temprano ese error y sus consecuencias se hacen autoevidentes en su pobre capacidad innovadora.

21-febrero-2014

7 PESCA CON EXPLOSIVOS: ¿Y LAS AUTORIDADES? BIEN, GRACIAS

Uno de los mayores crímenes que se permite, se tolera, se promociona y se ha legalizado de hecho es esta práctica salvaje, antiecológica y catastrófica, que al fin está ya brindando sus terribles efectos en una disminución notoria en los rendimientos de la mal llamada "pesca artesanal".

Esto no debería tener otra denominación que la de "pesca criminal", por la negligencia y permisividad con que es vista por las autoridades, sin que haya en el país ninguna entidad que "se amarre los pantalones" en aplicar la normativa legal correlativa en nuestro código penal (así en minúsculas, porque no vale un céntimo) en su artículo 378, que quien utilice estos métodos será sancionado con entre 2 y 4 años de prisión.

Contrasta saber que, en otras legislaciones, como la peruana, consciente de la importancia del bien jurídico a proteger, dicho ilícito es señalado como delito grave; a quien realice esos actos barbáricos la norma señala entre 3 y 15 años de presidio.

Pero ya sabemos cómo funcionan las cosas aquí. Se vive de una explotación irracional de todo lo que pueda sacársele dinero en el corto plazo, sin pensar en los efectos que esa mentalidad empobrecedora, absurda y egoísta pueda causar a quienes tienen derecho de heredar y subsistir también de los recursos naturales de la nación, y no del despojo de aquellos que, sin ningún miramiento, solamente con la mentalidad depredadora y rapaz, destruyen el patrimonio común.

Como si fuese salido de una narración surrealista, los vecinos de Casares atestiguan que hay noches en que han llegado a contar 300 explosiones. Parece absurdo entonces plantearse seriamente el término o concepto de autoridad, cuando se llega a atestiguar y a comprobar fehacientemente la olímpica pasividad ante este crimen sin tregua, sin que haya nadie que pueda intervenir y aplicar la ley. ¿Qué clase de gente somos?

Hace algunos años leí la noticia curiosa de que el Banco Mundial y otras instituciones financieras internacionales denominaban internamente como "territorios" a los países considerados Estados fallidos, en donde el concepto unitario de Nación, Ordenamiento Jurídico, Patrimonio Natural, Cultural, viabilidad a futuro, entre otros, habían ya dejado de funcionar, sea por una descomposición sistemática o por una abolición técnica de esas nociones. Al comprobar las evidencias del arrasamiento general que sufren los recursos naturales en nuestro país, no queda más que entender que esa denominación es acertada. El concepto de futuro se ha eliminado del diccionario de la mentalidad nicaragüense, solamente queda la recompensa inmediata, la gratificación económica.

El problema de fondo, como siempre, es el cálculo político, el diseño ingenieril consciente de imponer las prácticas de hecho al extinguido concepto del Derecho; vemos una vez más justificada la destructiva y oprobiosa "cultura del pobrecito" para tolerar acciones destructoras, que, si se aplicara la ley, sus actores pueden convertirse en eventuales descontentos o en incipientes grupos de presión, siendo preferible sacrificar patrimonio futuro que arriesgarse a perder voluntades.

La patente de corso para depredar que se le ha

brindado a todo el "el clúster de pesca destructiva" es una expresión de la moneda de curso legal que se dispensa a quienes supuestamente tienen menos, pero que en realidad son complejos entramados económicos.

Algunas veces estas posturas tienen ribetes tragicómicos que a todas luces irrespetan la inteligencia del más candoroso. La Policía sabe perfectamente cuáles son los talleres, dizques artesanales, que en realidad son industrias en todo el sentido de la palabra donde son fabricados los artefactos explosivos; conocen cabalmente a sus propietarios, la red de distribución y los agentes distribuidores que trafican con estos instrumentos de depredación. Conocen los procedimientos operativos a efectuar, si es que a alguien le importara detener esta práctica criminal; disciernen perfectamente la cadena de comercialización que nace en los acopios locales y saben que quienes llegan a comprar el pescado desde Managua no tienen escrúpulos de ninguna especie y que son también promotores del aniquilamiento.

Si quienes son protagonistas en esa estructura no cometen asociación para delinquir, artículo 392 Pn, entonces qué significará ese tipo penal ante un hecho que potencialmente tiene más capacidad destructiva que las drogas, ya que quienes pulverizan la biodiversidad en forma alevosa y sin freno, incluyendo las complacientes autoridades, serán también responsables de nuestra generalizada inseguridad alimentaria.

21-marzo-2014

8 NUESTRA *DESEDUCACIÓN* INTEGRAL

Nos preguntamos sobre si algún día nuestro país será una nación desarrollada y próspera, que pueda verdaderamente generar riqueza y bienestar sostenible para todos sus habitantes, en donde solventemos en forma razonable nuestros problemas fundamentales de precariedad, infraestructura, vivienda, distribución justa de ingresos, entre otros; lamentablemente, pienso que no, que eso nunca ocurrirá en el tiempo útil sobre el que pueda valer la pena especular.

Lamento tener esta visión pesimista, pero no hay evidencia seria que pueda hacer pensar diferente, ya que el factor articulador y escalador socioeconómico como nación, que es la educación integral de sus habitantes, en nuestro caso se encuentra en la bancarrota más lamentable.

No se debe llamar nadie a equívocos pensando que la realidad inmediata de luces, tráfico y celulares es muestra de una prosperidad que llegó para quedarse, son artificios engañosos de un *pseudoprogreso* que, desde el punto de vista de la inmediatez, está vacío.

El problema más acuciante en Nicaragua es que la formación en valores de sostenibilidad, respeto por el ambiente y formación de consciencia ciudadana sobre la importancia de la actuación responsable en la preservación de nuestros activos naturales se encuentra totalmente en un estado disfuncional.

Cualquiera que haya tenido la oportunidad de viajar a nuestra Costa Caribe por vía aérea podrá tener una apreciación gráfica de la irreversible desertificación en que está siendo convertida esa zona con el inmenso despale y saqueo, que solamente provocará lamentaciones y perjuicios en las personas de la próxima generación, a la vuelta de los próximos y rápidos 25 años. Si en algo podemos destacarnos hoy a nivel internacional es en nuestro olímpico grado de inconsciencia y capacidad destructora.

Las áreas de degradación se pierden en la distancia y se puede ver la magnitud de su fuerza definitiva, así como la indolencia y conducta de las llamadas autoridades —el *"doblepensar"* que señalaba el maestro George Orwell en su siempre actual novela 1984—, puesto que el monumental despojo se impone brutalmente, como un verdadero negocio corporativo, sin tener una visión más allá de la inmediatez de la recompensa inmediata, y no reflexionar sobre el mucho mayor valor que tienen nuestras heredades naturales como atractivos turísticos; sino que se cae en el patrón de conducta del drogadicto, para el que la urgencia por consumir hace perentoria la transformación de cualquier bien, propio o robado, en la satisfacción inmediata de su asfixiante necesidad.

Otro de los sinsentidos sobre nuestra deseducación que nos ata a una pobreza insuperable es la ausencia de visión sobre la pertenencia de los recursos actuales a personas que aún no han nacido, a quienes les estamos heredando un cascarón vacío de nación. No solamente sin recursos naturales sostenibles, sino algo peor, con la perversa transmisión de patrones de conducta suicidas que son aceptados como "normales", siendo en sí mismos los gérmenes seminales que engendran pobreza material y mental, como es la avidez por la destrucción de nuestros recursos, así como una indolencia e inacción institucional dignas de campeonato.

Hoy vemos las noticias sobre el ingreso continuo de colonos a Bosawás, quienes, con una mentalidad comején y expolio de todo lo que pueda significar algo de dinero, depredan masivamente una zona que debería ser sagrada, no solamente por su carácter de núcleo de reserva de la biósfera, sino por el hecho de abusar de los derechos de generaciones que aún no se hacen presentes para reclamarlos.

Sorprende aún que haya personas que piensen que esta barbarie no es una escenografía que haya sido diseñada conscientemente, producto de una avanzada ingeniería del saqueo, de los últimos avances en las ciencias de la depredación, de la infinita erudición en el pillaje milimétrico con el que estamos convirtiendo a nuestro país en un despojo, sin que nadie se ruborice, ebrios de indiferencia, sin otro interés más que el celular más moderno, el próximo concierto o de los resultados deportivos de una liga tan ajena y distante de nosotros como esa prosperidad que nunca llegará.

7-marzo-2014

9 CRUELDAD CONTRA MASCOTAS, UN CAMPANAZO

En un país en el que ya nada asombra ni sorprende, al menos todavía causa una justa indignación en contra de los recientes crímenes de mascotas cometidos por personas seguramente desquiciadas, quienes, en un alarde de crueldad inaudita, según se dice, utilizando una ballesta, han sacrificado varios canes en el área de Carretera Sur.

El hecho guarda similitud con algunos crímenes recientes en Estados Unidos, en los cuales los autores han confesado "que estaban aburridos" y decidieron agredir hasta la muerte a simples transeúntes o personas indefensas, por el prurito de matar, dándole cauce a energías provenientes de mentes perturbadas que se solazan en cometer atrocidades sin el menor reparo en el sufrimiento al animal mismo, mucho menos, en el lazo sentimental que lo une a un ser humano, a una familia; ya que solamente quien tiene una mascota, puede sentir verdaderamente el vínculo afectivo que se llega a experimentar. Igual de intenso que con cualquier ser querido humano.

Causa relevancia porque es un síntoma del avance de mentalidades sociópatas en nuestro país, que hoy matan a una mascota, pero seguramente terminarán asesinando a seres humanos. Por eso, es imprescindible la investigación policial.

El caso, ojalá despierte la piedad o acaso un remoto interés de la siempre atareada Policía Nacional, la cual destina con largueza y diligencia recursos valiosos a los casos que sí le antoja resolver.

Aunque se dice que tienen pistas sobre el vehículo en que se desplazan estos monstruos, es especular sobre el resultado de la supuesta investigación. Pienso, que será una anécdota más en nuestra inveterada historia como sociedad con un nivel muy depurado de sadismo.

Es importante saber que la ballesta se encuentra controlada estrictamente en diversas legislaciones (Código Penal de California 12020), siendo clasificada como un cuchillo balístico, mortífera y silenciosa, e incorporándose la mira telescópica es utilizada con frecuencia por comandos de operaciones especiales para blancos en el rango de 30 metros, cuyo dardo viaja a una velocidad aproximada de 80 metros por segundo.

Provoca verdadero estupor el hecho que esa arma letal haya sido introducida al país por alguna aduana, aparentemente sin haber pasado por un elemental control o registro de los datos del propietario, acaso un vacío de la ley, o una muestra más de nuestro olímpico desorden y *yoquepierdismo*.

Pienso que una forma alterna viable sobre la que podría darse con estos criminales y aplicarles el Código Penal, es hacer una investigación civil paralela, solicitando fondos en las redes sociales como una muestra de la fuerza de estas herramientas de convocatoria pública ante tan monstruoso y aberrante acto.

Gandhi afirmaba *"Un país se puede juzgar por la forma en que trata a sus animales"*.

Opine usted. 11-abril-2014

10 EN ESTADOS UNIDOS: GOLPE CONTUNDENTE AL RACISMO

La reciente y fulminante medida contra el propietario de los *Clippers*, uno de los equipos de básquetbol más exitosos de Estados Unidos -tras haber hecho unos comentarios visceralmente racistas contra los miembros afroamericanos de su equipo- es una acción valiente que debe ser aplaudida en todo el mundo, por cualquier persona consciente de la peligrosidad de esa despreciable perturbación mental llamada racismo.

La acción, que contempla nada menos que la suspensión de por vida y la venta forzosa de su equipo, ha impactado en forma ejemplar a aquellos que piensan que este tipo de expresiones —aún obtenidas en forma subrepticia- pueden estar cobijadas por una trasnochada libertad de expresión.

Aquí en Estados Unidos, donde he tenido la oportunidad de ver esta semana la cadena de acontecimientos, el castigo ha sido una materia de continuo comentario público al tenor de su omnipresencia en los medios televisivos, con una gran mayoría de personas que afirma estar de acuerdo con la decisión impuesta.

La acción tiene un impacto muy grande al ser un

precedente inédito en esta sociedad cuya verdadera religión práctica está constituida alrededor de los espectáculos deportivos, la cual también debe ser considerada como un recurso enérgico a ser replicado por aquellas sociedades que toman el racismo a la ligera, y que puedan poner en el justo valor la protección de la integridad y dignidad del ser humano.

En estos tiempos que alguien proclame la pretendida superioridad de una raza, nacionalidad, religión, condición económica o cualquier otra característica específica –o bien etiquetando como inferiores a sus congéneres- merece no solamente que sea repudiado como promotor de esa detestable acción, sino que sea procesado y condenado por atentar contra la integridad y dignidad de una sociedad.

No hay que perder de vista que los conflictos más sangrientos de la humanidad -desde la Segunda Guerra Mundial, pasando por las limpiezas étnicas de Los Balcanes, las masivas carnicerías africanas entre *Hutus* y *Tutsis*, entre otras carnicerías contemporáneas- han tenido origen una supuesta supremacía racial.

Aquellos que durante los años que vivimos necesariamente en países vecinos y pudimos sentir en carne propia la xenofobia, el trato desigual, el marginamiento y el cercenamiento de oportunidades -entre otras viles expresiones de un racismo sin miramientos- por tener una determinada nacionalidad; podemos entonces tener una idea de la implicación de esta medida contra un verdadero monstruo que con sus expresiones enfermas ha atentado gravemente contra la dignidad de todas las personas, entendiendo que esta sanción, aunque sea en Estados Unidos, reivindica derechos naturales supremos e inalienables de todas las personas en el planeta entero, por lo cual, al menos para mí, lo agradezco y lo tomo como un motivo de gran celebración.

11 MALTRATO ANIMAL

Es indudable que tenemos una capacidad extrema de sadismo y de causar daño que no tiene comparación. No se ha aclarado —o no se ha deseado aclarar-- un ápice el caso de las mascotas muertas a flechazos por los ahora "fantasmas" o "extraterrestres", a pesar de que se han capturado las presuntas armas con que le dieron muerte en forma cruel a estos animales. "Algo huele a podrido" decía Marcelo a Hamlet, en esa conocida obra shakesperiana, cuyas palabras nos caen hoy como anillo al dedo.

No obstante que se han hecho protestas pidiéndole a la Policía Nacional para que brinde información y haga una investigación profesional, es obvio que alguien —no quiero aventurarme—le está tomando el pelo a la ciudadanía.

Quisiera saber cómo se movilizarían las autoridades si no hubiese personas "complejas" en ese caso. Es absurdo y se le falta el respeto al público pensar que durante una investigación policial no existan métodos probados efectivamente con tanta trayectoria, que permitan dar con la madeja de criminales que efectuaron esas viles y cobardes acciones; todo indica que la apuesta que hoy tienen las autoridades es la inconmensurable capacidad de amnesia y voluntad de resignación que tiene la ciudadanía.

Acabamos de ver el drama de otro can macheteado

salvajemente, el cual, si sobrevive, quedará confinado a un rincón, en estado de inmovilidad casi total. Lo triste del caso, como es ya costumbre, es que tenemos cínicas leyes que no se hacen cumplir. Allí está el Código Penal en su arto 391, el cual aún brilla por su inefectividad ante la negativa de la Fiscalía en establecer un precedente que pueda cambiar la conducta de esas viles personas que realizan verdaderas masacres, actos que solamente son una expresión de su potencialidad criminal contra cualquiera de sus semejantes.

Si usted revisa la flamante "Ley 747 para la protección y el bienestar de los animales domésticos y animales silvestres domesticados", se dará cuenta de la cantidad de conductas que son penadas por esta legislación pero que siguen causándose en forma impune, debido a que no hay ningún funcionario u organismo que la aplique de oficio.

A diario se ven hechos vergonzosos e indignantes como el maltrato a los animales de tiro que se les sobrecarga, golpea brutalmente, se les priva de alimento, y, por último, se les abandona enfermos y lesionados a su cuenta y riesgo por verdaderos energúmenos y que curiosamente, nadie en este país -en especial las autoridades-- toma una acción afirmativa de la ley.

Es increíble e indignante el vicio en que se ha convertido el hecho de promulgar legislaciones de puro adorno, las cuales son papel mojado porque no hay la menor intención de hacer cumplir

12 NICARAGUA EN *FORBES MAGAZINE*

La edición norteamericana de esta prestigiosa publicación, en su más reciente número dedica a Nicaragua dos páginas, en forma específica al lujoso resort *Mukul*, reportaje titulado: "Una Joya Escondida en la Costa Esmeralda".

El hecho puede parecer trivial, pero si juzgamos las referencias anteriores a Nicaragua que se pueden encontrar en ese medio global, fueron en su absoluta mayoría, negativas; algunas, totalmente desventuradas, como la de *"Hope in Hell On Earth: Microfinance in Nicaragua"*, Julio 2012, en donde se detalla que nuestra pobreza solamente es superada por Haití, y que La Chureca, está listada entre las "Siete Horrendas Maravillas del Mundo".

El artículo actual de Forbes significa y vale mucho más que lo que puede percibirse a simple vista, siendo el equivalente a un aval económico internacional para los inversionistas, en una vitrina en donde se detallan las oportunidades de negocio y el nivel de confianza relativo que hacen prosperar a un país.

La oportunidad de aparecer positivamente conlleva a mi juicio dos aspectos fundamentales: 1) La inversión local visionaria decidida a cambiar la percepción país, desde un territorio de pobreza surrealista hasta convertirse eventualmente en un polo de desarrollo mediante el turismo de alto nivel; 2) La creación de empleos directos en el área geográfica inmediata, como forma de desarrollar las comunidades remotas y darles un impulso sinérgico tangible.

La lectura más importante, sin embargo, es que sí se pueden cambiar las percepciones mediante el reemplazo de las viejas creencias. Hemos llegado a asumir —y a veces con justa razón- nuestra irremediable inviabilidad como nación, pero ha sido porque así lo hemos aceptado, y solamente hemos sido capaces de ser noticia por la inagotable capacidad de causarnos problemas.

De alguna manera, esa publicación es una prueba evidente que la empresa privada puede y debe desarrollar un modelo sostenible que cambie el gastado paradigma de desarrollo productivo, en vez de seguir apostando viciosamente al obsoleto modelo agroganadero que ha causado tantos perjuicios ambientales irreversibles, cuyos efectos son ya dramáticos- y también- superar el ya anacrónico maquilado de baja tecnología que es solamente una aspirina para el desempleo.

La infraestructura turística principal, ya la tenemos, que son nuestros propios recursos naturales, así como una razonable reputación de ser amistosos y libres de xenofobia, con un nivel notable de Seguridad en la región.

El gobierno debería asumir como el principal patrocinador del país facilitando y garantizando la ansiada Seguridad jurídica de nuevos inversionistas, para que podamos alterar las percepciones.

Mukul ha provocado un cambio de 180 grados en lo que se había escrito y dicho sobre Nicaragua, allá en donde las opiniones cuentan, siendo un hecho que confirma, que, si se desea, se puede cambiar la realidad.

13 DE LAS INGENUAS CAMPAÑAS DE REFORESTACIÓN

He trabajado como conservacionista privado en mi tiempo libre por ya más de 15 años, en los cuales me ha tocado establecer algunas plantaciones propias y reforestar constantemente, pudiendo dar testimonio de la dureza de esa tarea en términos de su sostenibilidad.

No solamente involucra comprar y sembrar plantas, sino que establecer una planificación previa, el sistema de soporte logístico, acompañado de vigilancia, supervisión, riego en abundancia en la estación seca, cuido, *caseo*, poda, asesoría técnica, insumos, entre otras labores que hacen que dicho emprendimiento vaya más allá de la simple palabra reforestar.

Cuando uno lee noticias sobre las campañas de reforestación que se mencionan de vez en cuando, siempre me pregunto sobre su verdadera sostenibilidad, sus resultados finales, ya que un hecho comprobado que cuando las áreas a reforestar carecen de administración y salvaguarda, toda posibilidad de éxito se acerca al cero absoluto, ya que típicamente, la supervivencia de las plantas no pasa del primer verano.

Lejos de desalentar esas alegres excursiones, mi

objetivo es compartir un poco las duras experiencias que me ha tocado vivir, con quemas, invasión de animales de pastoreo, destrucción de plantas en el transporte, lidiar con la maleza, plagas, entre otros perjuicios.

Para ser serios, fuese adecuado conducir un análisis y seguimiento de las iniciativas pasadas y actuales de reforestación, para ver cuál es el nivel de reinserción de plantas que llegan hasta la edad adulta, ya que cuando se articulan estas actividades, existe mucho entusiasmo: niños y jóvenes, autoridades, periodistas, camisetas, gorras, etc., lo cual puede ser atractivo, pero hay que juzgar sobre lo que realmente se está obteniendo, ya que en los casos que he podido tener noticias por parte de encargados y técnicos, son solamente aspiraciones y buenos deseos, pompas de jabón.

Toda reforestación debe tener aparejada medidas de soporte que siempre hacen empequeñecer ridículamente la inversión inicial en las plantas mismas, siendo estas el componente más barato. Para toda acción de este tipo, hay que preguntar si la empresa o institución está aportando fondos adicionales para su monitoreo, mantenimiento y preservación: cuánto, cómo y con cuáles medios técnicos.

Estas iniciativas de ficción suelen ser una paradoja cruel con los resultados finales, convirtiéndose estas en una *"photo op"* o una oportunidad propagandística para consumo de medios, para decir que estás haciendo una loable acción corporativa o institucional, una esperanza hacia el futuro —el cual ya juzgo irreversiblemente desértico- lo cual es pecar de ingenuo ante la monumental tarea que requiere en la vida real, que involucra una planificación seria desde diversos ángulos técnicos, incluyendo la prevención de los desbalances que podría causar una especie no nativa o sin articulación con el resto del ecosistema.

14 DISCRIMINACIÓN LABORAL

Una de las constantes en la mayoría de los anuncios de empleos son los requisitos discriminatorios relacionados con la edad. Para aquellos que experimentan la difícil tarea de buscar un puesto pasados ya los 35 años, descubrirán con angustia que ya son "viejos", aunque estén en el pico más alto de sus capacidades y potencialidades, el cual de manera óptima y según la experticia médica, empieza en ese umbral y se proyecta incluso más allá de los 55.

Hoy se considera que una persona pasada de los 35 está prácticamente fuera del mercado laboral, no porque sea cierto lo que algunas empresas pretenden hacer creer que promueven las oportunidades para la "sangre joven", supuestamente dinámica y diestra en tecnología, sino que obedece en su lógica elemental, al cínico ahorro de dinero que sí tendrían que pagar por remuneraciones decentes, además de contar con incondicionalidad permanente y disposición para trabajar sin un núcleo familiar que estorbe. No obstante, esa práctica conlleva el dejar de lado los vitales componentes de experiencia laboral y experiencia de vida, que son dos factores fundamentales que contribuyen al acervo y éxito de cualquier empresa.

Lo desafortunado de esta discriminación, es que es una práctica establecida y tolerada, siendo promovida diariamente sin intervención alguna, conducta que sería causa de regulación y segura acción penal en otros países.

Curiosamente, escudriñando la Constitución y el Código Penal, en Nicaragua no existe ninguna alusión específica a la discriminación por edad; si alguien considera que el artículo 315 Pn cuando señala "condición física", alude al tema de la marginación por edad, sería un supuesto bastante heroico, pero sí se mencionan otros factores de exclusión sancionables, pero no aparece taxativamente esa condición, la cual es de hecho, la forma más patente y grosera con que se promociona mediáticamente; lo mismo puede decirse del artículo 427 Pn que no hace alusión específica a esta terrible forma de segregación.

El artículo 428 Pn impone una sanción a quien públicamente promueva la realización de actos de discriminación del artículo precedente, lo cual es singular desde el punto de vista del sentido común, pero no se podría hablar de antinomia o contradicción entre los preceptos legales, porque simplemente no existen allí dos opuestos específicos.

La discriminación por edad no existe como delito penado, ni tampoco está contemplado taxativamente como cualidad tutelada en la Constitución; su artículo 27 pasa por alto con desvergüenza ese factor entre el listado de las condiciones de igualdad, y no puede argumentarse extensivamente que sí lo incluye en la expresión "condición social", siendo un reflejo de una escandalosa práctica que es tolerada sin el menor rubor por las disfuncionales instituciones que hipócritamente proclaman proteger los cacareados pero rentables derechos ciudadanos.

15 PARALELISMOS DEL MUNDIAL

El mega-evento puede ser observado en diferentes perspectivas, no solamente desde la lógica del deporte, sino también como una vitrina sobre el éxito o falla de las estrategias y planteamientos de sus protagonistas.

La debacle de España resultó un monumento a la autocomplacencia, la cual es un resultado de una postura cómoda al creer que la fama puede reemplazar a la rigurosidad de la preparación, y que efectivamente, el exceso de confianza trastoca gravemente el sentido más básico de la realidad. Hasta un rayo impactó su avión poco antes de aterrizar desde ese ignominioso viaje de retorno al olvido, donde nadie los recibiría para felicitarlos.

Alguien por allí mencionaba que es duro recuperarse de una adversidad, pero es siempre mucho más difícil remontar un gran triunfo, por la embriaguez que produce su vanidoso abrazo, que, por definición, es siempre efímero y traicionero.

EUA puso en evidencia una vez más el modelo de gestión que le ha dado resultados a largo plazo para proyectarse siempre como potencia mundial: Estudiar el juego, aplicar tecnología e importar los mejores cerebros como directores técnicos. Este fue el patrón que propulsó su monumental despegue después de la Segunda Guerra Mundial, cuando adoptó como suyos -y sin hacerles rendir cuenta alguna por sus cuestionables hechos- a los talentosos científicos nazis como Werner von Braun y otros, que 25 años después hicieron posible poner un ser humano en la luna. No tengo la menor duda que transcurrida su propia curva de aprendizaje, EUA será para entonces un tradicional favorito en los mundiales.

Alemania siempre ha sido un bastión del buen fútbol, demostrando que la fría escrupulosidad técnica del pensamiento teutón, su meticulosidad y sistematización de todo lo que le rodea, son factores críticos de éxito para ascender en este deporte que lo que menos tiene es de pies, sino que de cabeza.

Costa Rica, que aún sin recordarme del nombre de su inigualable DT, este ha expuesto que su impecable y monumental gestión gerencial no es un asunto de carisma o de simpatías, sino de trabajo disciplinado y milimétrico en dirigir eficazmente a un equipo para convencerles que su potencial es ilimitado, que sin complejos y con un extraordinario sentido pragmático, está dando la mejor batalla de su historia, posicionándose, contra todo pronóstico, en cuartos de final. Se evidencia una vez más, que la administración correcta de los talentos es infinitamente más importante que la cantidad relativa que de ellos uno disponga.

Nicaragua, aunque no participamos, siempre podemos elegir o no la oportunidad de aprender de los ejemplos exitosos de este juego apasionante, y que la peor fantasía es creer de verdad en los falsos límites que siempre nos autoimponemos sobre nuestra voluntad.

16 ESA FOBIA OMNIPRESENTE

Es increíble el poder de un celular, capaz de realizar las tareas más complejas, tornándose en una verdadera oficina.

No obstante, su uso compulsivo también puede inducir a un estado de ausencia mental o de franco embrutecimiento. Este y otros dispositivos son distractores que reducen, debilitan y hacen fracasar algunos procesos cognitivos de transmisión de conocimientos, los cuales llegan a ser totalmente ineficaces por la desviación continua hacia este omnipresente aparato, llegando incluso a acuñarse ahora el término "*nomofobia*", que proveniente del inglés (*no-mobile-phobia*), miedo a no tener tu celular en la mano.

Algunos síntomas de esta verdadera manía pueden ser que buscas tu celular porque cree que ha sonado, o bien, siente que hubo una vibración de este, y para su sorpresa, ve que estaba en otro lado y no en su bolsa, o bien, la adicción porque ya no sabe qué hacer con el tiempo o con sus manos, pudiendo causar también percances mortales.

Numerosas empresas sacrifican dramáticamente la calidad de la atención en sus reuniones, capacitaciones y otros procesos importantes, por una tolerancia excesiva y por la ausencia de normativas mínimas sobre la llamada etiqueta –o modales correctos—del celular. Ciertas organizaciones no dimensionan la monumental pérdida monetaria que causan la distracción, o, mejor dicho, la evasión de la realidad al caer su personal en el vicio angustiante de consultarlo, jugar o verlo por cualquier razón, sobre todo, cuando no existe razón alguna. Eso les cuesta también errores fatales a las empresas, pero son pocas las que se preocupan por normar su uso.

En los códigos de las organizaciones serias, la normativa se ha hecho estricta, ya que en reuniones ejecutivas o en sesiones en donde la prevención de fallos es fundamental, son crecientemente prohibidas este tipo de distracciones -no solo por los primitivos modales y grotesca negligencia de su educación en quien se exhibe, o por la grosería inaudita con su interlocutor- sino con el marcado desprecio hacia la inversión que la empresa destina para hacer efectivos sus procesos de coordinación y lograr sus objetivos.

Hoy usted ingresa a un establecimiento, y probablemente no sea ni siquiera percibido, porque el personal está hipnotizado con este aparato, para lo cual, ejecutivos responsables lo prohíben terminantemente durante horas laborales, sobre todo, si hay interacción con clientes, o con la ejecución de la tarea en sí.

Es lamentable observar cómo algunas organizaciones sacrifican la calidad de sus procesos, su aprendizaje efectivo, la corrección que debe lograrse en aquellas tareas que requieren una atención fija y no provocar resultados fallidos, siendo también esa tolerancia una muestra evidente de ignorancia de sus propios ejecutivos, de cómo sus procesos sufren deméritos graves traducidos en pérdidas cuantiosas a nivel agregado.

17 LAS CRISIS ARTIFICIALES

Para quienes desde dentro de Estados Unidos –como visitantes temporales--hemos podido presenciar esta semana la omnipresente cobertura mediática del afroamericano que resultó muerto en un confuso incidente con un policía blanco, se nota un contraste que llama poderosamente la atención.

No obstante, el abrumador despliegue televisivo, en las calles la plática de las personas comunes y corrientes –al menos aquí en Baltimore-- el incidente ni siquiera captura una mínima conversación.

Las imágenes proyectadas muestran escuálidas aglomeraciones protestando como cualquiera con derechos, pero la apocalíptica narración de los comunicadores no concuerda con la dinámica de las tomas -carnavalescas y risibles a veces- sobre las cuales hasta la persona más despistada podría notar que quienes están sacando de proporción los supuestos disturbios, son aquellos que tienen una agenda de vender a cualquier costo un hecho no definido, y retratar un escenario cercano a una guerra civil en Ferguson, ese remoto poblado de Missouri.

Respetuosamente y sin emitir opiniones que no me corresponden sobre el aludido tema racial y conexos, simplemente planteo la pregunta que cuánto de esa situación ha sido creada -y estimulada más bien- por la atmósfera del espectáculo mediático, pareciendo ser más un producto de la ingeniería de la distorsión, que un verdadero escenario de conflicto racial, y aunque notoriamente atractivo para algunos sectores, no tiene correspondencia en la lógica de los acontecimientos observados.

Hasta donde se sabe fehacientemente, ningún otro lugar de la nación estadounidense ha experimentado la mínima demostración de adherencia hacia esa situación puntual, en la cual curiosamente —como se ha señalado—si hubiese sido entre ciudadanos de la misma ascendencia racial, no hubiese representado ninguna noticia; seguramente tampoco tendría lugar la movilización de comunicadores cotizados como verdaderas estrellas de cine, quienes han deslucido por su limitado papel entre tanta palabrería y dramatismo, con lo que las cámaras presentan en forma precisa.

La notoria incongruencia de estas supuestas crisis hace repensar sobre el enorme poder de la comunicación, el cual podría ser más responsablemente aprovechado para debatir —en las sociedades donde este derecho humano es posible-- sobre las naturales contradicciones y retos comunes. Estas aparentes distorsiones —juegos de realidad virtual-- son también una forma de superficialidad y de la disminución del propósito informativo, que, en mi opinión, debería también estar aparejado con un enfoque formativo hacia los destinatarios de noticias.

Vargas Llosa señala en su magnífica obra *La Civilización del Espectáculo*, que la necesidad adictiva de un consumo recreativo de cualquier forma —incluyendo la mutación de los acontecimientos—hace que lo efímero, la vacuidad, la evasión y la distracción sustituyan a la lógica y lo verificable, creando sin pudor ni responsabilidad alguna, esas no-verdades virtuales, que siempre terminan desnudándose por sí mismas.

18 JORNADA LABORAL DE TRES DÍAS

El planteamiento efectuado recientemente por Carlos Slim ha causado revuelo internacional, no solamente por quien lo propone, sino por la audacia intrínseca de la misma: la reducción de la semana laboral de cinco a tres días.

En síntesis, el multibillonario empresario plantea que una jornada de 11 horas diarias por tres días consecutivos, tendría como resultado cuatro días de receso, que en teoría —eso es lo único llamativo—proveería cuatro días libres para la dedicación al esparcimiento, la familia, o cualquier otra dedicación soberana, y supongo que con ese excedente, también podría destinarse tiempo adicional para el estudio o formación autodidacta, o bien, la observación cósmica, la meditación trascendental, como quiera usted llamarle.

A primera vista, la idea parece loable, ya que al parecer está conectada con lo que algunos se han dado en propugnar el advenimiento de los Derechos Humanos de cuarta o quinta generación, justificándolos porque la dedicación de tantas horas de trabajo --si lo tomamos a la letra, 48 horas, ahora sería reducida a 33—aliena al ser humano en su capacidad de entender e interpretar el mundo, así como gozar a plenitud de placeres estéticos y de asuntos metafísicos.

Si usted paga una planilla y analiza seriamente esta

propuesta de tal estrella de rock del mundo empresarial, comprobará que a él: 1) Su relativamente joven senectud le está afectando el razonamiento en forma muy temprana; 2) Su sentido de filantropía hipotética es verdaderamente admirable.

Cualquiera que sea su postura como lector a este respecto, verá que esa propuesta, al menos como un ejercicio mental, podría ser atractiva, pero inútil; no por el hecho de un pesimismo marcado, sino por todo lo contrario: Esa jornada ya la tenemos en Nicaragua.

Afirmo que tan ilustre empresario está totalmente equivocado: aquí puede venir a aprender la praxis verdadera de su ya anacrónico planteamiento.

Con una supuesta jornada 48 horas a la semana, en Nicaragua las actividades laborales son tan lentas e inefectivas, que con certeza algunas personas solamente trabajan un único día a la semana; o tal vez menos, si acaso; otros, un solo día al mes.

Y no me refiero solamente al proverbial tiempo geológico con que puedan tardar los trámites en el sector público, además de sus envidiables feriados, sino en la realidad diaria de empresas supuestamente competitivas, donde su personal trabaja —netamente-- mucho menos que 3 días semanales, entre tantas distracciones en su misma computadora, los largos cafecitos, los periódicos y sus extendidas charlas, los tiempos dedicados a reuniones improductivas, el chateo y juegos continuos con el celular, los permisos, las vacaciones, los feriados, las incapacidades fingidas. Señor Slim: su propuesta no es original, usted nos las ha pirateado.

19 APOCALIPSIS MALTHUSIANO Y CAMBIO CLIMÁTICO

Fue a finales del siglo XVIII que el economista Thomas Malthus publicó su aterrador vaticinio sobre las hambrunas del futuro, provocadas por el crecimiento geométrico de la población vs. el incremento aritmético de la producción de alimentos.

Quienes lo han estudiado a través de los años, pensaron concluyentemente que su planteamiento era equivocado e ingenuo, porque no había considerado el avance científico que permitiría aumentar las cosechas y la producción masiva de alimentos, puenteando así esa brecha de diferentes ritmos de crecimiento.

Lo grave fue que el cambio climático nunca se tomó en consideración, siendo este un fenómeno observado hasta hace relativamente pocas décadas, del cual se pensaba aún más recientemente, que era una condición normal; que correspondía a ciclos naturales en donde las modificaciones dramáticas del clima de regiones enteras eran parte de efectos propios del planeta, que los humanos por nuestra corta existencia, encontramos difícil de discernir.

Incluso, se había venido operando una campaña abierta por parte de empresas globales de la energía, en donde sus científicos desbancaban cualquier alusión a ese supuesto cambio climático, que ahora como hecho probado, causa perturbaciones económicas en varias latitudes, impactando actualmente en algunas zonas europeas el sabor de ciertos vinos y otros productos sensibles a las variantes ambientales, entre otras evidencias perturbadoras.

Después que la *NASA* ha revelado lo obvio de las consecuencias de esta catástrofe --no solamente por los graves perjuicios de los llamados gases de efecto invernadero generados por la contaminación de combustibles fósiles-- sino también por la irracional y metódica destrucción de los bosques y zonas naturales de captación de agua, lo cual ha permitido apreciar en todo su horror la autodestructiva irracionalidad de nuestra especie.

El cambio climático –o, mejor dicho-- las perturbaciones causadas por el ser humano al ambiente— unida a ese espectro malthusiano que se creía un febril delirio de un especulador, están conformándose en forma sinérgica, atestiguando una sequía que está superando el récord del siglo pasado, con los graves daños para la producción de alimentos, proyectándose como un factor recurrente.

Hoy se acepta científicamente que el apocalipsis malthusiano y el cambio climático son escenarios reales e inevitables, pudiendo ser tal vez situaciones no generalizadas, sino efectos focalizados en sociedades muy vulnerables –como la nuestra—en donde la falta de educación y el nulo desarrollo de tecnología, permitirán experimentar en toda su crudeza las consecuencias extremas de la inaudita destrucción de nuestros recursos naturales, así como la depredación y extinción masiva de la biodiversidad, lo cual como apuntó recientemente Stephen Hawking --una de las mentes más brillantes que hayan nacido-- el aniquilamiento y abandono de este planeta por sus propios habitantes, es solamente una cuestión de tiempo.

20 MATUTE: UN HÉROE IRREPROCHABLE

La fatídica suerte de los mineros acaparó parcialmente la atención mediática, eclipsando un hecho formidable que no debería pasar desapercibido en Nicaragua.

Ernesto López –Matute- activista ambiental y miembro de Misión Bosawás, quien tuvo el valor civil –por no decir la expresión correcta—de arrebatarle un espécimen en peligro de extinción a un traficante y saqueador de nuestro patrimonio natural, acto que en sí mismo pensaba yo que ya estaba extinto, por el proverbial yoquepierdismo y la naturaleza anestesiada de nuestra sociedad, la cual contempla entre impertérrita y ausente, la desaparición de nuestros recursos endémicos, con la complacencia y promoción de las autoridades, que en vez de asumir sus funciones --con su silencio e inoperancia-- legalizan y legitiman ese despojo y destrucción inmisericorde, fundamentados en la patética tolerancia política "del pobrecito".

¿Cuántos en Nicaragua son capaces de actuar más allá de la comodidad de un sillón? Se ha perdido cualquier capacidad de indignación; se toma como un hecho normal violar la ley; esta se asume solamente como un mecanismo que se aplica si hay conveniencias políticas, dejando íntegros actos

monstruosos de pillaje como graciosas concesiones sociales, que no son más que viles monedas de cálculo político.

La despreocupación, la pérdida del sentido de indignación ante el oprobio, la resistencia en asumir sentido de propiedad por nuestros recursos naturales, así como la desaparición del sentido de trascendencia -propio y de nuestro ambiente- es la regla de conducta de la mayoría de las personas.

Se tienen las instituciones, pero al parecer, operan desde la clandestinidad; no hay ninguna consecuencia por la violación de las leyes porque se ha llegado a establecer la transgresión como un acto naturalmente aceptado, justificado; conducta autodestructiva que estamos promocionando y heredando masivamente. La insignificancia y la omisión tolerante solamente motivan a que más y más personas entiendan que no importan los medios sino el fin.

La actitud indolente de las autoridades ambientales y judiciales, es en la práctica, una renuncia abierta a sus deberes; el reconocimiento de su propia disfuncionalidad, con la promoción de la impunidad como conducta activa, reforzando positivamente el delito; la inveterada y destructiva reivindicación que hay que tomar lo que aparenta estar a mano, que ninguna actividad es prohibida; que todo puede justificarse basados en la trágica quiebra moral de esta sociedad, la cual le hace ojos de justificación a cualquier postura ilegal, siendo técnicamente el ilícito una fuente legítima de derecho y un acto de justificación existencial.

La actitud de Matute debería ser imitada por todos aquellos a quienes nos duele nuestra nación. El mundo está cansado de tantos idealistas de sillón; se necesitan urgentemente más héroes verdaderos, más personas de acción. Muchas gracias por tu formidable ejemplo.

21 TRÁFICOS DE INFLUENCIA, FAVORITISMOS E INGENUIDADES

La noticia sobre la circular de la Secretaría de la CSJ del 9 de septiembre me llamó tanto la atención que la leí varias veces. Dicho documento previene a los funcionarios del Poder Judicial, en una copiosa clasificación, sobre una serie de actos que están reñidos con la actuación de estos empleados públicos, prohibiendoles el ejercicio de la abogacía sino fuese en causa propia, entre otras gestiones oficiosas, recordándoles en su párrafo final la terminante prohibición de "cualquier tráfico de influencias o favoritismo tanto en las oficinas donde labora como en cualquier otra dependencia de este Poder del Estado..."

Celebro el hecho que se trate de llamar la atención sobre esa situación que esos funcionarios consideran tan "normal" como un derecho adquirido; no obstante, hay que reflexionar sobre la efectividad en eliminar esas conductas, por lo que mi pregunta específica es, que si ya existen prohibiciones expresas sobre todas esas irregularidades sancionables en la Ley No. 501 "Ley de Carrera Judicial", ¿Cuál es entonces el sentido de "hacerles recordar" un hecho obvio en el que sólo cabe tomar acción disciplinaria?

Es singular que dicha circular confiese en su primer

párrafo "que se ha observado a funcionarios de este Poder del Estado concurrir a otras dependencias judiciales a efectuar trámites, elaborar documentos jurídicos o Instrumentos Públicos en horarios laborales, es decir, ejerciendo las Profesiones de Abogacía y Notariado en asuntos que no son propios de sus funciones", por lo que pregunto tercamente por qué se elige no ejercer acción sobre esas abiertas violaciones al código de conducta que sanciona esas actuaciones expresamente prohibidas.

La circular procede de los Honorables Magistrados del Consejo Nacional de Administración y Carrera Judicial, que cada vez que leo o escucho sobre ese órgano, concluyo que no estoy bien informado y que tal vez es ya ficcional o clandestino; una de dos, porque de su existencia real no tengo evidencia reciente, ya que desde 2006 radiqué la queja No. 114-2006 contra una funcionaria judicial, donde presenté pruebas irrebatibles sobre el caso, habiendo recibido la última notificación el 25 de abril de 2008 en donde a ella se le declara sin lugar el incidente de nulidad que promovió, estando desde esa fecha, esperando la necesaria sentencia.

He enviado con esperanzadora religiosidad mensual a la atención de ese legendario Consejo los escritos de impulsión procesal, también con copia individual a quienes se especula pueden componer esa mítica comisión disciplinaria, sin haber aún recibido otra notificación; pero pienso positivamente que ellos podrían estar todavía analizando laboriosamente el caso, por lo que como ciudadano común y corriente debo ser muy paciente, ya que a hoy apenas han transcurrido seis años cinco meses y un día.

22 ¡BRAVO, PAPA FRANCISCO!

La celebración del pasado domingo, que como una verdadera fiesta para 40 mil abuelos invitados, es el gesto que más me ha encantado con los que este innovador pontífice le está imprimiendo vigor a la iglesia, ejemplo que no solamente es una clara acción afirmativa de este importante estrato de cualquier sociedad, sino porque hoy se pretende ignorar que toda persona desde su nacimiento "lleva ya a un viejo encima" quien requerirá respeto y cuidados, según Joan Manuel Serrat en su hermosa canción, *Llegar a Viejo*.

El mensaje de Francisco fue preciso y contundente. En la sociedad contemporánea se acepta dentro de esa aberrante "normalidad" no solamente el retirar a los ancianos como muebles inservibles, sino la pasmosa indiferencia y desprecio con que son vistos a veces por parte de sus descendientes, apartándolos, recluyéndolos en esos lugares cuyo nombre no menciono por aberrante, en donde solamente esperan la muerte mediante maltratos y actos de violencia física y sicológica, "convertidos en fantasmas con memoria..." del catalán universal, quien para mí él es motivo de orgullo y razón suficiente para que Cataluña deba proclamarse una nación independiente.

Francisco no solamente urgió a que la veteranía fuese vista con una piedad renovada, sino que, debido a su creciente número, debe dársele nuevos roles dignos y provechosos en donde se les reivindique su aportación a la sociedad, siendo reverenciados no solo como quienes hicieron posible nuestra existencia, sino quienes también por medio de sacrificios lograron nuestra posterior supervivencia y han sido nobles guías en nuestra realización como adultos.

Es absurdo como una sociedad a veces escupe vilmente sobre sus propios fundamentos, condenando al oprobio a sus mayores. Habló él claramente sobre la olvidada importancia de los adultos mayores en la familia y la arrogante absurdez contemporánea de pretender saberse el camino sin el imprescindible conocimiento en ellos depositado, afirmando que "el futuro de un pueblo supone necesariamente este encuentro: los jóvenes dan la fuerza para hacer avanzar al pueblo, y los ancianos robustecen esta fuerza con la memoria y la sabiduría..." estableciendo un obligado recordatorio a esa unión indisoluble que debe existir entre estas dos condiciones existenciales inevitables.

Debemos entender también que una medida práctica de nuestra moral como individuo, familia y sociedad es el trato que brindamos a nuestros mayores, qué tipo de facilidades estamos dándoles para enfrentar esa etapa en la que hoy lo corriente es la mofa, el irrespeto, el arrinconamiento, la soledad y el olvido, pensando algunos que su avanzada edad implica necesariamente el vencimiento de su dignidad y sus derechos inherentes, olvidándose como en un temprano Alzheimer, como dijo George Bernard Shaw, que también la juventud es una enfermedad que se cura con los años.

23 UN MUNDO FELIZ

Cada vez que leo diarios con las fatales noticias que en forma corriente ocurren en nuestro país, me acuerdo de esa novela de Aldous Huxley.

No voy a rescatar detalles de ella, solamente diré que es un relato futurista en donde se plantean utópicos desarrollos tecnológicos pero que son logrados sacrificando valiosas características humanas. Ciertamente el panorama que su novela preconiza es bastante pálido ante las situaciones que aquí se viven cotidianamente, sobre todo, cuando mueren 9 seres humanos aplastados por un muro y no hay siquiera una persona investigada, siendo más fácil encontrar uranio que alguien quien rinda cuentas por esas y otras desgracias.

Es increíble ver a las autoridades, que ya por ausentes ni siquiera importa recordar quiénes son o cuál es el título que ostenta su puesto, o bien el pomposo nombre de alguna vaporosa entidad que acaso un día pudiese antojarse afectada por las víctimas. Si algo aquí me queda claro, es la circunstancia de la devaluación mayúscula del concepto mismo de la existencia, así como la más absoluta desprotección civil como la única garantía constitucional que sí funciona.

En otras latitudes, con ordenamientos jurídicos efectivos, funcionales y no distópicos, un ombudsman o defensor de los habitantes ya se hubiese puesto al frente para reivindicar con indignación ese ultraje a los sacrificados, sobre todo por los hechos precursores de esa tragedia, pero aquí hace mucho que los músculos del asombro y la vergüenza se nos han atrofiado, siendo ya un realidad incontrovertible que ya no importa lo que ocurra, trágico o no, solamente hay impunidad y resignación ante este tipo de acontecimientos cada vez más "normales".

Parece ser que las alcaldías que aprueban los permisos de construcción de las urbanizaciones, desde hace tiempos padecen una epidemia de ceguera muy particular, que les afecta a ellos exclusivamente. Sería bueno saber con qué tipo de conocimiento técnico verdaderamente cuentan, o si sólo cuentan el dinero de los impuestos de los permisos de construcción, entre otros.

Sería oportuno verificar cuáles han sido los estudios técnico-ambientales para aprobar determinadas construcciones, los parámetros utilizados y otros detalles que llaman poderosamente la atención por sus catastróficos resultados, de inundaciones, fallas y obras siempre inconclusas.

Al parecer los criterios utilizados son una ciencia hermética, solamente para iniciados, pero que cuyos fallidos resultados, casualmente al igual que cualquier error médico, allí están, todos bien cubiertos con tierra.

La frase que más me gustó de esa novela fue la primera, que es a la vez la autorreflexión de ese autor: *¿Cómo sabes si la Tierra no es más que el infierno de otro planeta?"*; en el caso de las desventuras que aquí nos ocurren, la respuesta, es más que obvia.

24 ¡SERGIO, GRACIAS POR SER NICARAGÜENSE!

La concesión del prestigioso *Premio Internacional Carlos Fuentes* a este escritor nuestro es sin duda alguna, un verdadero día de gloria para ser nicaragüenses.

Pienso que los escritores favoritos, los imprescindibles como él, dejan en los lectores no solamente la riqueza de una experiencia adquirida mediante vidas ajenas, sino que puedo atestiguar que hasta la existencia propia puede a veces seccionarse, como si fuesen capítulos, en los eventos que acontecían cuando leía tal o cual libro.

En el caso de *Castigo Divino*, mi favorita en uno de los géneros *sergioramireanos* en que puedo dividir personalmente –únicamente para mi gusto- su genial obra. Recuerdo perfectamente las vivencias particulares, acontecimientos, comentarios, interacciones, personas e incluso ideas, que se agolpaban en mi mente esos días precisos; los lugares exactos de la casa de mis padres donde la leí; los pensamientos que me causaba -dejándome enajenado como en un trance o en un acto de pura levitación- esa extraordinariamente elaborada historia, la cual pude contrastar en ese entonces con mis familiares paternos originarios de la ciudad universitaria.

Vinieron después otras lecturas precisas suyas que me

dejaron entusiasmado por esa poderosa capacidad de abstracción remota que ejerce un escritor en la mente de un lector, cuando está ya atrapado en los hábiles recursos del palabrista.

Clave de Sol, con sus cuentos que podía recorrerlos tan fácilmente, ya que también crecí en uno de esos microcosmos *sergioramireanos* que son los ambientes provincianos, con sus contrastes y absurdas paradojas, excesos y contrasentidos; entendiendo entonces, como en un minucioso código fuente, las interpretaciones definitivas de mis propios referentes existenciales.

Podría abordar varios otros de sus excelentes trabajos, pero sería abrumar ociosamente esta cuartilla y perderme en la inutilidad ante la contundencia de su obra.

Solo me extenderé obligadamente en un libro que estimo transcendental: *Tambor Olvidado*, que, a mi juicio, su lectura debe ser moralmente imperativa para cualquier nicaragüense, puesto que contiene los elementos primigenios, los átomos de ese caldo primordial de etnias y culturas en donde se coció a fuego lento nuestra complejamente sicológica nacionalidad.

Su interesante lectura deja en magras carnes a aquellos que se regodean vanamente en sus pretendidos orígenes peninsulares o en delirantes estirpes patricias; maromas para esconder ese tambor tribal de excelsas noblezas *encaitadas*, meras *"aristocracias murrucas, de puro chicharrón con yuca"*, como decía Fernando Zurita al occidente del país.

El reconocimiento a nuestro Sergio Ramírez es un premio a la lucidez, a la capacidad de reinventarse; es una señal que invita a los jóvenes a plantearse el reto de su propia superación, de mantenerse despiertos para realizar los sueños, que, al fin y al cabo, es el material irrompible con el que está hecha la literatura.

25 "Y VIAJARÁS POR UNA TIERRA DE MARAVILLAS…"

La frase, de Julio Verne, es utilizada por la planetaria Amazon para promocionar sus ubicuos dispositivos de lectura digital, con los cuales hoy cualquier persona puede acceder, desde donde se encuentre, a las colecciones más vastas de material contemporáneo para su educación profesional y formación continua. Es una afirmación más que cierta la atribuida a dicho genio y que afortunadamente estamos transitando.

Desde ese lejano 1452 en que Johannes Gutenberg imprimía trabajosamente su biblia de 42 líneas por página, hasta este tiempo alucinante en que usted mismo puede elaborar el libro que desee publicar globalmente, han acontecido verdaderas maravillas.

El tema lo veo relevante no solamente por el impacto que debe tener en los jóvenes la educación autodidacta y de formato libre, la cual se está consolidando hoy día como una de las tendencias más sólidas, para la preparación de esa generación necesaria de talentos híper especializados que están demandando con más premura las empresas.

El otro ángulo, es su huella y signo en lo que es la cultura de la libertad; en el libre albedrío de pensamiento, en esa soberanía existencial en que usted mismo divulgue sus propias posturas, exprese sus ideas, reflexiones, y que de una manera tan increíble puedan hacerse disponibles a un universo infinito de lectores.

Esto sería inimaginable para aquel "impresor" germano, quien, a pesar de su revolucionario invento de masificación de ideas, moriría absurdamente arruinado e ignorado por sus contemporáneos, habiendo liberado a tantos escribanos de la tediosa tarea de copiar a mano inacabables volúmenes enteros, pero principalmente, emanciparía formidablemente las mentes de miles de millones de personas con su innovador aparato, ahora absurdamente primitivo.

He tenido la oportunidad de publicar mi primer libro, el cual me llevó dos años prepararlo, siendo precisamente hoy que está viendo la luz en forma física como una obra convencional; no obstante, me tomó tan solamente un par de horas convertirlo al formato específico y subirlo digitalmente a esa ilimitada plataforma global de conocimientos.

Es un hecho que puede parecer intrascendente o banal, pero es una de las obligaciones que considero ineludibles por vivir en este tiempo: divulgar las experiencias adquiridas, compartir conocimientos, expresar puntos de vista; libertades fundamentales que frecuentemente se desperdician por pereza mental, por autocomplacencia, por elegir vivir en una zona de comodidad en donde se prefiere, soberanamente, la ocupación en lo inmediato pero intrascendente, en la búsqueda de la recompensa instantánea, en los rituales gregarios de evasión de la realidad.

El cómo liberar las ideas, darle forma las reflexiones, debe ser una asignación obligatoria en un hipotético pénsum académico, puesto que hoy más que nunca se tiene los medios; lo que siempre está faltando, es la voluntad.

26 EL CASO FERGUSON

Había tenido la tentación de escribir sobre la anunciada tragedia de nuestros mineros, ahora en Villanueva, pero tengo que aceptar que es un tema que interesa a muy pocas personas, y a ninguna institución, ya que la vida en nuestro país no vale nada.

Es por eso por lo que escogí este tema, puesto que, aunque parece un poco salido de nuestro contexto, sirve para ilustrar de cómo el estado de derecho es el mecanismo fundamental del éxito de una sociedad.

Esto, a pesar de las críticas amargas y sesgadas que pueda haber contra el fallo en este caso, el cual libró de cargos al policía Darren Wilson, quien disparó en legítima defensa ante una agresión de un antisocial, quien acababa de cometer un robo en una tienda, y quien, en actitud delincuencial, comprobada a través de todos los testigos y pericias, agredió gravemente a quien le ordenaba en ese momento su rendición.

El caso no es sencillo, puesto que después de 3 meses intensa condena mediática al policía, las evidencias fueron prevaleciendo como lo que eran en realidad: no fue ni una ejecución, ni la acción irresponsable de un "gatillero feliz", sino la acción basada en procedimientos profesionales de un agente del orden para un caso extremo, en el cual no solamente hubo resistencia ante la autoridad, sino también, una agresión directa con potencial peligro de muerte para el oficial.

Se requiere estar dentro de un oficio para poder opinar de él. Quienes habían condenado ya al policía, lo hacían desde la fácil tribuna en donde el componente racial era tomado como un factor decisivo en el caso. Llamó notoriamente la atención, que los supuestamente numerosos testimonios a favor de la premeditación del caso fueron cayendo como un castillo de naipes, al haberse divulgado los videos del robo cometido, así como la epicrisis sobre la golpiza recibida por el policía, así como las huellas de ADN del agresor en el uniforme y el arma de dicho agente.

Contrasta increíblemente nuestra forma de pensar como latinoamericanos, ya que este caso mereció billones de apariciones en los medios escritos y redes sociales globales; pero fue apenas "un dato" que la policía brasileña mató –llámele usted como quiera– entre 2002 y 2011, a "solamente" 10,134 personas, también supuestamente antisociales; siendo más una curiosidad enciclopédica que no causó el menor revuelo ni rubor. ¿Doble moral o ética selectiva?

El fallo absolutorio de Ferguson, aunque muchos lo lamenten, fortalece más bien la tradición del imperio de la ley en EE. UU., que es la piedra angular sobre la que descansan formidablemente sus 238 años de estabilidad política, económica y social, lo cual también es apenas un dato, pero que vale la pena conocer.

27 UN IMPERATIVO DE LECTURA

"¡Crear o Morir! – La esperanza de América Latina y las cinco claves de la Innovación", el más reciente libro de Andrés Oppenheimer, debería ser un recurso de cabecera para los mediáticos grandes empresarios en Nicaragua.

Este formidable reporte a través de sus 330 páginas explora y desmenuza las claves de la innovación que han permitido a sociedades contemporáneas alcanzar estadios cimeros de desarrollo económico y social, pese a su poca o nula dotación de recursos naturales.

Sostiene unas posturas que van totalmente a contravía del modelo que algunos en nuestro país, juzgan y aplauden frenéticamente con bombos y platillos, como muestras de exitosos negocios, que no son más que la misma receta fracasada de primitivos esquemas empresariales netamente agrícolas, sin valor agregado alguno, y que conllevan altísimos costos ambientales impidiendo un verdadero desarrollo económico.

La verdadera prosperidad de una nación plantea ese autor, "depende cada vez menos de sus recursos naturales y cada vez más de sus sistemas educativos, sus científicos e innovadores".

Oppenheimer desdice creencias a las que él mismo se había adherido anteriormente, cuestionando fáciles recetas, que hoy con su actualizada investigación contemporánea, da por sentado que ahora tienen que ser reemplazadas.

Considera superada la suposición que afirmó en sus obras anteriores, que lo más efectivo para potenciar la innovación "era ofrecer estímulos económicos, o reducir las trabas burocráticas, o tener un buen clima de negocios", para lo cual, gerentes de numerosas empresas innovadoras, le atestiguaron que en realidad eran apenas precondiciones, que la verdadera clave estriba en "contar con una masa crítica de mentes creativas respaldadas por buenos sistemas educativos".

Preocupa el planteamiento sombrío que hace este autor, continuando con sus enfoques sobre las claves del desarrollo y las causas del subdesarrollo; que "los presidentes latinoamericanos que dicen que sus países prosperarán vendiendo petróleo, soja y metales, o ensamblando piezas para la industria manufacturera se están engañando a sí mismos o están engañando a sus pueblos".

Las cifras que ofrece son también contundentes, y estimo que debe llevar a una reflexión para todos aquellos "visionarios" actuales, que se regocijan en algunas cifras económicas sin hacer ningún análisis cualitativo sobre la adecuación y sostenibilidad del modelo empresarial.

Afirma además que hace medio siglo la agricultura y las materias primas componían el 30% del PIB mundial, mientras que actualmente, su peso relativo es apenas un 3%; en donde los servicios tienen ya una incidencia del 70%.

El problema principal es que en Nicaragua seguimos mentalmente cautivos de las mismas y facilistas recetas de falso desarrollo, que no han llevado más que a una irreversible degradación ambiental y proliferación de profesionales sin profesión, jactándonos alegremente en ser el modelo perfecto de una eterna república bananera.

28 EL CANAL Y SU RETO MAYOR

Al estar iniciándose hoy oficialmente el proyecto mundial más grande de ingeniería contemporánea –asumiendo que sus estudios ambientales son correctos y viables en proteger los recursos sensitivos de la zona– es importante reflexionar sobre el reto principal que enfrenta esta mega-obra: La formación y calidad de los recursos técnicos que obligadamente tendríamos que preparar, bajo un esquema profesional, riguroso y oportuno.

Por estos días, muchos empresarios están alegremente haciendo números con los proyectos donde puedan participar en la fase primera de construcción, no obstante, la visión mínimamente lógica de las necesidades de este emprendimiento, obligan a pensar en que debería preexistir un calendario que garantice la dotación de los recursos técnicos y profesionales que exige dicha creación, y no pensar tradicionalmente en la aportación de mano de obra barata y sin calificación, que es la primera naturaleza de actuación cortoplacista de algunos empresarios.

Como una reflexión mínima, aquellos que conocieron la realidad de la edificación de los dos centros comerciales más céntricos de nuestra capital, los constructores tuvieron necesariamente que importar hasta los maestros de obra de El Salvador; ni decir del personal técnico de mayor nivel.

Esa fue una muestra rápida de nuestra inveterada carencia de recursos calificados en el área, y por más palabras patrioteras que algunos quieran decir, es una debilidad que se mantiene y que no tiene visos de superarse.

El canal nuestro obliga a tener ya definiciones serias y consistentes si pretendemos que este proyecto en realidad pueda beneficiar transversalmente a nuestra economía. Señores del sector educativo: ¿Tenemos ya esas clasificaciones y planes de estudio de esas profesiones específicas o vamos a dejar a que el azar, la improvisación y el empirismo resuelvan por nosotros?

Obligadamente, tengo que recurrir a hacer comparaciones entre el Canal de Panamá para remarcar lo imprescindible de la formación técnica de los recursos humanos. En septiembre de 1997 se realizó el II congreso internacional sobre esa vía acuática, como un recurso obligado de convencimiento al mundo comercial, que la bienandanza, operación, mantenimiento y seguridad de ese tránsito, estaría garantizada al ser transferida a los panameños la víspera del año 2000. Eso fue una muestra de seriedad que brindó un voto de confianza a sus recursos técnicos que estaban disponibles y en plena formación continua.

Según información técnica extraída de la página de su administración, esa entidad cuenta con 8 mil empleados en donde hay más de 850 ocupaciones técnicas especializadas – ¿leímos bien? – que, en muchísimos casos, por su especialización, no hay oferta fuera del mismo proceso de formación local.

Si se quiere verdaderamente tomar ventaja de las oportunidades que trae aparejada esta obra, debe desarrollarse ya un Plan Nacional de Formación de recursos técnicos, que obligaría a un cambio de curso en el errático modelo actual de producción de "profesionales sin profesión y sin empleo", enfatizando ahora en algunas ocupaciones consideradas despectivamente artesanales, pero que serían la columna vertebral del proyecto para su fase de construcción y operación.

Las profesiones afines a los procesos de control deberán ser desarrolladas con tiempo suficiente a como se hace en la nación canalera, en una necesaria Escuela de Aprendices, la cual "prepara personal en más de 30 oficios que van desde plomería hasta soldadura", ocupaciones que nuestro país son prácticamente empíricas.

Los prácticos que guían las naves por la ruta es una profesión que tarda muchos años; algunos pensarán que "eso se arreglará con el tiempo", lo cual es solamente un reflejo de nuestra irreductible vocación de improvisar.

Otra de las canteras formativas que dispone ese canal es la Unidad de Adiestramiento Marítimo, que está a cargo de la preparación de cuadros de altísima calificación, como "capitanes de remolcadores, ingenieros de máquinas y operadores de lanchas", llegando hoy día los istmeños a tener allí el 70% de miembros.

Esa vía acuática es operada en un 90% por su personal nacional, lo cual debería ser nuestro objetivo de desempeño a largo plazo, ya que, de otra forma, estaríamos solamente obteniendo beneficios marginales.

El proyecto de canal, por su seriedad obliga a que la formación de sus recursos humanos sea una actividad número uno de su ruta crítica, si es que este proyecto se piensa realizar con seriedad.

29 CHINANDEGA: CAOS INFINITO

Cuando uno recorre las calles de esta ciudad, la palabra caos, definida esta como "desorden o confusión absolutos", no podría definir todo lo que ha llegado a degradarse su casco urbano.

Es que quien desee verdaderamente observar la desidia, la inacción, el absurdo; así como la impunidad, el lujo y violencia con el que los mal llamados vendedores han trocado sus vías principales, tendrá material para varios tomos sobre *Autoridades Paralíticas* o *Administraciones Inexistentes*.

En un país en donde llamar a las autoridades a asumir correctamente su rol es ya una materia de la más pura ficción, por eso no me ocupo de mencionar siquiera a quiénes esta responsabilidad pudiera corresponder, ya que el sentido de gerencia de nuestras ciudades no tiene ya nada que ver –en nuestra surrealista condición– con proyectos, mejoramientos, iniciativas, y mucho menos, de respeto por los derechos ajenos; el concepto del "otro" o del "prójimo" es algo que dejó de tener significado para quienes deberían cumplir mínimamente la Ley de Municipios y su reforma, No. 40 y 261, siendo esta normativa muy seguramente, un documento que muy pocos deben haber visto alguna vez, o tener alguna sospecha de su existencia.

La salvaje ocupación de las calles por infinitos ocupantes sin que ninguna autoridad los regule o los reubique –entiendo deben pagar, que eso es lo único que parece importar– hace que los otros sean pisoteados, obligando a la ciudadanía a que circulen toreando los diversos tipos de vehículos que amenazan a los transeúntes.

El parque central, un refugio de indigentes superando a las favelas brasileñas, en donde alcohólicos y otros grupos marginales afean y acosan al paseante, es una de las "perlas negrísimas" de esta otrora bonita ciudad.

Los toldos de las empresas telefónicas, que abusivamente no les basta con entorpecer la libre circulación de las personas, instalan altoparlantes con centenares de watts de salida, triturando inmisericordemente cualquier asomo de tranquilidad a los vecinos, son muestras de la complicidad diaria de todas las mal llamadas autoridades, que tienen leyes como la 559 de Delitos Ambientales, pero que en una muestra más de creatividad burlesca, solamente proceden ante solicitud de parte, jamás de oficio, siendo esa condición la que precisamente las mantiene en vacaciones perpetuas y sin efectividad alguna, haciendo que cualquier derecho ciudadano sea inexistente, ya que primero usted tiene que ir a sufrir el calvario y gasto de hacer una acusación que le va a desgastar, tanto al inicio, como al final, con una predecible impunidad.

Es paradójico observar que los mismos derechos consignados en la Constitución Política son atropellados, pateados y escupidos por las mismas autoridades, quienes ostentan ese nombre y cuya actuación es la antítesis del mismo término.

30 ¡POR FAVOR NO QUITEN LAS MULTAS!

De alguna manera la Policía de Tránsito está haciendo lo correcto. El ímpetu reciente con que han estado haciendo presencia y poniendo en cintura a los infractores viales, tiene que ser reconocido meritoriamente, debiendo ser parte de un esfuerzo necesario todo el tiempo, no por épocas o por operativos eventuales.

La queja que ha existido de algunos sectores usuarios en relación con el monto de las infracciones es una señal que la medicina –aunque insuficiente lógicamente– está haciendo efecto. Es necesario reiterar que se requieren diversas medidas en varios órdenes para cambiar el comportamiento de los conductores, pero sin duda alguna, las multas son un disuasivo de alto impacto.

Para aquellos que se quejan del monto elevado de las infracciones, vaya aquí una muestra de lo que en Costa Rica -independientemente de su nivel socioeconómico comparativo- cuestan algunas multas por categorías de peligrosidad. Están en dólares, al tipo de cambio actual y su equivalente en córdobas:

Categoría A: $521.44 (C$14,047.59)
Conducir en estado de ebriedad:
Adelantamientos indebidos

Conducir con licencia suspendida
Invasión de carril

Categoría B: $351.97 (C$9,482.07)
Acompañantes menores de 5 años en motocicleta:
Irrespeto señal de alto
Exceso de velocidad sobre el límite indicado

Categoría C: $175.06 (C$4,716.11)
No portar el casco de seguridad en motocicleta
Conducir sin cinturón de seguridad
Permitir que los acompañantes no usen el cinturón
Conducir y hablar por celular

Categoría D: $87.53 (C$2,358.05)
Conducir motocicleta sin chaleco reflectivo
Mal estacionado
Al ciclista que circule en pistas cuyo límite mínimo sea
de 80 kph

Se podrá argumentar que las economías y los ingresos no son comparables, lo cual podría ser aceptable si se tratara de un asunto meramente económico; el PIB per cápita de Costa Rica es casi 6 veces el nuestro. Pero ojo que esto puede ser una discusión sin sentido, ya que al final, lo que persigue la infracción con el efecto punitivo es generar el cambio de comportamiento, no establecer un nivel de "confort" basado en unas multas "accesibles" tipo canasta básica.

Al final, quienes piden rebajas en las multas lo que pretenden es llegar a un punto de equilibrio para que esta sea un evento cuyo costo no tenga efecto alguno, nulo también en modificar el comportamiento, puesto que el razonamiento estará basado entonces en una mera justificación económica sobre una preferencia de precios y no de una imposición para enmendar conductas.

Es por eso por lo que no se deben rebajar las multas

establecidas; sería un pésimo y absurdo precedente, un ejercicio de alcahuetería y clientelismo, que lo único que provocará es el ridículo de las autoridades de tránsito.

31 ¿ENTONCES, NO EXISTE LA *"MEXICANIZACIÓN"*?

Las recientes reacciones que ha provocado que el papa Francisco mencionara en una nota privada e informal el riesgo de "mexicanización" de Argentina, queriendo significar con este término, la conformación de un sistema criminal en donde los engranajes son las autoridades policiales, judiciales y políticas en sociedad indisoluble con el narcotráfico organizado y la corrupción institucionalizada, ha provocado que el gobierno mexicano haya enviado una nota de protesta al sentirse –supuestamente– ofendido por haber el pontífice herido sentimientos colectivos con esa palabra.

Con respeto para las actuaciones del gobierno de ese apreciado país, es un absurdo de calle a calle negar una realidad tan brutal, cuya definición enciclopédica puede evidenciarse diariamente en todos los medios noticiosos, con los que podrían acumularse 'terabytes' de información con esas gravísimas situaciones "normales" que acontecen en esa hermosa y culturalmente rica nación.

La supuesta molestia oficial ante un hecho obvio, despierta no solamente curiosidad por su irremediable torpeza política, que debió haberse aprovechado para crear apoyo internacional ante una situación tan lamentable, en donde –con todas las complejidades de esos terribles males– el gobernante mexicano, políticamente, parece un boxeador fuera de forma; arrinconado y *"groggy"*, ya que no es ya noticia su fracaso estrepitoso, precisamente en el combate al narcotráfico y la corrupción que ha signado su errático ejercicio, incluyendo graves cuestionamientos personales, a él y sus familiares, sobre la adquisición de valiosos activos en forma opaca, para decirlo educadamente.

El riesgo de "mexicanización" no solamente existe en Argentina. Cualquiera de nuestros vulnerables países en Centroamérica puede ser presa fácil de esas estructuras –que operan como verdaderas corporaciones transnacionales– si no se trabaja en forma enérgica identificando sin reservas el problema; evidenciándolo, mostrándolo en todo su poder destructivo del tejido social; en vez de negar una coyuntura, que no se necesita anteojos para verse.

Hace tiempo se hablaba de *"vietnamización"*, "balcanización", "europeización"; hoy se habla de "la rusificación de Crimea", "el temor de la *iraquización* de un conflicto", "la *chinatización* del Tíbet" -entre otros términos geopolíticos- para ilustrar situaciones cuya evolución y características originarias, desembocaron en un escenario particular.

Entonces, hablar de *"mexicanización"* es muy útil, pues llena oportunamente un vacío conceptual y necesario en nuestra lengua.

Si se llegó al extremo del ridículo de protestar ante quien comprobadamente viene buscando el bien común, como es el papa Francisco, sobre el uso de un término que probablemente no tenía esta acepción específica, es seguro que a partir de ese lamentable amateurismo político quedará ahora globalizado, demostrando ser precisamente una "cantinflada" que ilustra magistralmente este tipo de actuaciones -y que por cierto- cuyo vocablo y significado, puede usted comprobar que hace años, meritoriamente, fue incorporado en el diccionario RAE.

32 ¿ES ANACRÓNICA LA RSE?

La *Responsabilidad Social Corporativa*, conocida también como *Responsabilidad Social Empresarial (RSE)* -según afirma Muhammad Yunus, Premio Nóbel de la Paz 2007- está radicalmente desactualizada y debe reemplazarse.

Este fundador de los microcréditos para los pobres con su enfoque de *"Capitalismo Social"*, le elabora una demoledora crítica la cual es recogida en el formidable libro de Andrés Oppenheimer *"¡Crear o Morir!"*.

Yunus señala categóricamente que ese concepto vaporoso de RSE, a como está manejado tradicionalmente, constituye una falla del GPS del sistema de libre empresa al "desentenderse de su función social".

Él opone a la gastada concepción folclórica de este término, el enfoque de empresas sociales autosuficientes, en donde se corte el círculo vicioso de las donaciones o de la llamada industria filantrópica, las cuales están limitadas a obsequiar graciosamente recursos, en vez de concentrarse en el desarrollo activo de empresas con rentabilidad económica para resolver los mismos problemas sociales.

Este cambio de visión en la RSE no es revolucionario, pero en sí mismo es muy valiente, ya que en reiteradas ocasiones la sacrosanta noción que aquí en Nicaragua tienen sus fundamentalistas, ha sido cuestionada sobre el punto hasta el cual es material comercial *"P.O.P"* *(promociones en el punto de compra)* –con notorios ejemplos a la vista–como construcciones de una simple imagen o de efigies corporativas, en donde se perpetúa un círculo vicioso consistente en: *Diseño de Imagen = Donación + Divulgación.*

Reta así a las industrias: "En vez de donar ese dinero, ¿por qué no lo inviertes en una empresa social?", ya que, desde el punto de vista de la transmisión de prácticas para la solución de necesidades comunitarias, las compañías exitosas tienen una verdadera responsabilidad en replicar un enfoque de creación de otros negocios rentables –y que en verdad provoquen mejora económica– que es lo que las sociedades mejor saben hacer.

Concuerdo con él que se debe convertir ese flujo de dinero caritativo en algo duradero, que no sea extinguible como toda erogación basada en una "filantropía light". Su planteamiento no es menor, porque deja al descubierto la inquietud que si de cada empresa que se auto elogia o promociona excesivamente su aparentemente generosa actitud; ¿corresponderá acaso a un verdadero interés de solucionar sosteniblemente problemas sociales con un enfoque de creación de riqueza?; o bien, ¿Es sólo una simple transacción económica, en la cual el intangible adquirido es una imagen prediseñada de laboratorio —vacua algunas veces—, dudosa, más frecuentemente? Tengo mis dudas bien fundamentadas.

No es cuánto dinero se ha donado como empresa, sino que, como un verdadero indicador crítico de desempeño, cuántas soluciones sostenibles como negocios autónomos y rentables ha establecido o contribuido decisivamente, para reemplazar esa viciosa generosidad que perpetúa la dependencia y el clientelismo privado, sin desarrollar riqueza, con resultados etéreos, espejismos de campañas propagandísticas.

33 ACOSO SEXUAL CALLEJERO: UN PLANTEAMIENTO REFERENCIAL

La draconiana normativa penal aprobada recientemente en Perú señala severos castigos a aquellas personas, que en los espacios públicos tienen como hábito dirigir palabras de connotación sexual -principalmente a mujeres, adolescentes y niños- y que ahora se arriesgan a ser procesadas y condenadas a privación de libertad entre 3 y hasta 12 años, cuando estas conductas pasan a ser acciones físicas, como tocamientos indebidos.

Justifican los legisladores peruanos que las expresiones de naturaleza sexual efectuadas en los espacios públicos son inherentemente no deseadas, por lo cual, califican de indignantes y atentatorias para la integridad personal.

Algunos sectores predicen que la normativa será de difícil aplicación, pero no deja de plantear un disuasivo al terrible fenómeno cotidiano que enfrentan, principalmente mujeres –incluyendo niñas y adolescentes– en que como en un salvaje ritual primitivo, son el blanco de "piropos" que no son más que groseras agresiones, intranquilizando, acosar, y hasta obstaculizar el libre tránsito de las féminas, quienes a vista y paciencia de los transeúntes, y hasta de las autoridades, se ven hostigadas por verdaderas jaurías de gamberros –especialmente en las obras en construcción, autobuses, mercados, entre otros sitios y circunstancias públicas– en donde la palabra obscena, el tocamiento disimulado o abierto, es la norma aceptada de conducta.

Quiero dejar en claro que con estas líneas no pretendo congraciarme con ningún tipo de movimiento, con determinada agrupación, ni mucho menos que se me etiquete de feminista; solamente expreso una triste realidad que, en nuestra singular colección de "normalidades cotidianas" –que son realmente abominaciones muy anormales– se aceptan como reflejos culturales, siendo comportamientos atroces, que opino merecen una sanción severa.

Nuestro Código Penal señala en su arto 174, con una muy cómoda visión tubular, la definición sancionable de Acoso Sexual: *"Quien de forma reiterada o valiéndose de su posición de poder, autoridad o superioridad demande, solicite para sí o para un tercero, cualquier acto sexual a cambio de promesas, explícitas o implícitas, de un trato preferencial, o de amenazas relativas a la actual o futura situación de la víctima, será penado con prisión de uno a tres años. Cuando la víctima sea persona menor de dieciocho años, la pena será de tres a cinco años de prisión".*

Dicho artículo parece aplicable solamente en ocasión de una relación laboral, por lo menos, dejando por fuera las situaciones en donde el acosador es casual, eventual, fortuito o desconocido.

Es probable que un proyecto de ley semejante al peruano –como reforma a nuestro código penal– deba ser estudiado y valorado para reducir esa agresión constante y tolerada que en forma impune y feroz sufren nuestras mujeres.

El texto entero de la ley está disponible en nuestro blog: *www.cambiocultural.blog*

34 GRACIAS POR DISCIPLINARME

Estoy ya en una edad en donde las reflexiones son cada vez más inoportunas, se presentan a veces con impertinencias, con el aire distintivo de que todo tiempo pasado fue mejor, con esa certidumbre que las vivencias –aquellas experiencias aparentemente aisladas e inconexas– terminan reflejando un cuadro diáfano, con trazos vigorosos sobre lo que se imprimió como producto final.

Recuerdo claramente mi primer día de escuela. Fue en una casa particular a guisa de parvulario que dos damas dirigían, y a quienes fui confiado por mis padres para que me fuesen enseñadas las primeras letras –las "Castrito"– en donde se respiraba un ambiente de disciplina, pero también de cariño, de la comprensión del "contrato sicológico" entre unos padres quienes entregaban a unas personas particulares un hijo, para que fuese formado no solamente en la utilitaria función de leer y escribir, sino en la integralidad de una educación en valores, en la identificación temprana de conductas cimarronas que debían ser moldeadas, orientadas, y sobre todo –aunque ahora se abjure del término– disciplinadas oportunamente.

Pasé luego a otro parvulario, en donde perfeccioné las primeras letras, siempre viviendo en torno a una formación que complementaba la que se efectuaba responsablemente en mi propio hogar; corrigiéndome, ordenándome, aconsejándome; sometiéndome a una institución que conllevaba consecuencias disciplinarias si no se hacía lo correcto, o si alguno de los alumnos tratara de imponer caprichosamente su conducta particular como el modelo de actuación.

Los padres se interesaban entonces por el desempeño de los hijos-as; se velaba por la responsabilidad mutua de formar tanto en el hogar como en la escuela. Claro que hubo jalones de orejas, palmadas en brazos, o alguno que otro acto bienintencionado, como límite demarcador entre el libre albedrío y lo requerido; pero siempre con una visión del propósito de formación integral.

Tuve después la fortuna de estudiar en un colegio dirigido por padres dominicos, en donde la excelencia académica y la disciplina eran los pilares fundamentales; recuerdo a los hermanos Francisco y Huici; al padre Eugenio; todos de pensamiento profundo y formadores severos, pero inigualables orientadores de buenas conductas.

No recuerdo que nadie se haya quejado de su severidad, ni de sus métodos; corrían otros tiempos, no había tantas ocupaciones profesionales ni intereses que denostaran de sus normas, ya que, a pesar de la rigidez, siempre educaron en ideales, en rechazar el conformismo como destino ineludible.

A la enorme distancia entre las brumas del tiempo, quiero hacerles hoy a todos ellos este agradecimiento, ya que por su noble formación brindada —especialmente por el amor y el rigor con que me disciplinaron— estoy escribiendo hoy estas letras que usted lee, y no escribiendo garabatos en las paredes de una prisión.

35 UNA GUERRA ANUNCIADA

Hace algunos años cuando Cameron Stracher publicó *"Las Guerras del Agua"*, se vio como una novela distópica, superficial, con pretensiones alarmistas y argumentos aún por investigarse y confirmarse seriamente.

El *plot* es simple y brutal: la escasez de agua que enfrenta el planeta, la cual ha sido anunciado días atrás en forma apocalíptica por la ONU, sumirá a las sociedades en guerras de crudeza inimaginables, debido a que el valor del líquido será más elevado que cualquier otro bien transable.

El escenario, a algunos optimistas incorregibles, acaso ingenuos, podrá parecerles exagerado —debido a que, aunque la escasez del supremo líquido esté ya haciendo estragos en algunas comunidades, en donde sus miembros le dedican tiempo sustantivo de su jornada laboral a conseguir, transportarlo, almacenarlo y administrarlo– piensan que es algo que será "razonablemente sufrible".

Hoy día, como una muestra evidente, investigada y confirmada, de este horror en ciernes, es la conclusión que llegó Colin Kelley —uno de los pensantes principales de la Universidad de California en Santa Bárbara— que la guerra en Siria tuvo como origen directo la sequía acaecida en ese país en los años 2006-2010, registrada la peor de su existencia como asentamiento humano, provocando el desplazamiento masivo de más de un millón y medio de agricultores muertos de hambre en una sola de sus regiones, que al igual que en nuestros ya anacrónicos y ahora bobos referentes, era también considerado "el granero" de esa inveterada nación; hoy destruida y pulverizada desde lo más profundo de sus cimientos, con una catástrofe humanitaria sin parangón.

El informe de la ONU señala que el planeta se enfrentará, en unos cortos 15 años, a un déficit del 40% del suministro de agua, si es que las brutales y despiadadas formas de abuso del recurso, y la bestial destrucción de las fuentes productoras de agua –como ocurre en esta geografía en que usted y yo sobrevivimos– no cesan y cambian radicalmente.

Sobre esto, es importante añadir un poco de pensamiento económico práctico –habrá naciones y sociedades que por su riqueza y tecnología, siempre tendrán acceso al vital líquido– pero su horizonte de sucesos estará lleno de migraciones incontrolables debido a la desertificación de otras sociedades irresponsables, que como la nuestra, soberbiamente destruye con impunidad un recurso intergeneracional, atestiguándolo en forma pasmosa en la manera en que el agua es dilapidada miserablemente, aniquilando también bosques ancestrales que alimentaban ríos y reservorios naturales.

Mientras no existan políticas enérgicas, draconianas en donde se protejan los recursos hídricos, con el mismo entusiasmo con que ahora se hace alharaca por otros temas no vitales, nos enfrentaremos irremediablemente a esa pesadilla, superando cualquier película de ciencia ficción.

Vamos hacia un infierno. De eso esté seguro.

36 SAVATER: ÉTICA PARA LA EMPRESA

A mi juicio, una de las lecturas más refrescantes sobre el tema empresarial publicado en 2014, surge de este filósofo, ensayista y escritor español, San Sebastián (1947), en donde analiza lúcidamente el concepto que quizás sea el más prostituido, más tergiversado, más manido, más engañado, más manipulado, más olvidado de los tiempos presentes; como es la llamada ética empresarial, yendo quirúrgicamente al detalle de aspectos controversiales, los cuales generalmente, no son abordados en la profundidad y extensión de aquellos empresarios que calladamente –o para relaciones públicas– dicen practicarla, confesión cada vez más silenciosa, puesto que hasta enunciar el término mismo, se ha convertido en algo decadente, sospechoso, que presupone algo que, en sentido práctico, está pasado de moda o finalmente extinto .

Entre los subrayados que me llamaron la atención comparto "desde el punto de vista ético, se considera que toda fuente de riqueza es social y por tanto implica responsabilidades sociales en quienes se benefician de ella, tanto más cuanto más provecho obtengan", reflejando una de las verdades auto evidentes, aunque algunos no quisieran aceptarla, puesto que esa condición implica necesariamente, no solo el hecho de remunerar los factores productivos de una forma justa –incluyendo el agotamiento de recursos comunitarios, la restitución exacta de los impactos ambientales y externalidades negativas causadas por el proceso de producción– sino también el uso de la riqueza obtenida.

Menciona también tres dimensiones en donde el actuar ético de la empresa, tanto a nivel individual, organizacional y hacia fuera del negocio, señalando que debe hacerse un análisis ético de las relaciones con los clientes, proveedores y competidores, ya que en estos campos no es suficiente tener leyes adecuadas –las cuales típicamente funcionan con base en lo que se descubre, pero no en lo que se practica– por lo cual, la necesidad de la auto regulación ética es imprescindible.

En casos notorios algunas organizaciones practican una ética en reversa, o digamos selectiva, la cual se puede constatar diariamente, en los groseros casos en que estas, por su tamaño, imponen de facto condiciones inequitativas, injustas y totalmente anti-éticas, cuando adquieren productos y servicios de proveedores y los pagos son retrasados inmisericordemente, abusando brutalmente de un poder propio, que aunque aceptado, está absolutamente reñido con la justeza más elemental, puesto que presupone una relación asimétrica en donde el abuso es aceptado como práctica normal de negocios.

Se podrían mencionar diez mil aspectos en donde existen situaciones similares, que, aunque no son susceptibles de ser controladas efectivamente por las leyes, quedan en el radar del auto control ético de la organización, debiendo velar permanentemente por su revisión crítica, que es la línea argumental de Fernando Savater, debiendo ser lectura obligatoria para empresarios.

37 POSTAL DE UN FUTURO MUY CERCANO

Uno de los libros que mejor utilidad pudiera servir para predecir nuestro devenir como especie, es probablemente *"La Sexta Extinción"*, de Elizabeth Kolbert, una brillante escritora de temas científicos de la prestigiosa revista *The New Yorker*, quien avizora a través de este trabajo – catalogado como uno de los mejores libros de 2014 por el *New York Times*– la apocalíptica debacle ambiental que viene fabricando el animal humano, la cual está alcanzando ya su punto de no retorno, escalando prontamente al finalizar el siglo, con la extinción de entre un 20 %-50 % de las especies vivientes.

Algunas personas que viven aún en la negación de la eventualidad de una extinción masiva lo dudan por la gradualidad con que estos cambios toman lugar. Nunca se pensó que este fenómeno podría ir incrementando su rango de marcha para causar las situaciones que se están viviendo –con el llamado cambio climático– el cual, en nuestro país, pasó de ser una noticia para círculos intelectuales o de debate "esnob", a ser un tema tan vigente y grave, como el hecho que usted, abre repetidamente la llave del baño de su casa, y no hay agua.

Otros piensan que la implantación de heroicas políticas públicas–las cuales son inexistentes en nuestro país– vendrán a evitar en el momento preciso la debacle, la tragedia de las sequías y la desaparición de los ríos, provocado por el despale a nivel industrial y el avance suicida de la frontera agrícola; hechos que al parecer están siendo impulsados por verdaderos dementes, quienes a pesar de ver los efectos perversos en sus semejantes, aún siguen realizando crímenes ambientales, como la tolerada pesca criminal con explosivos, la alcahuetería del comercio ilegal de especies, el capricho del uso irracional del agua; técnicamente un *auto genocidio* administrado masivamente como boyante negocio.

La autora pone en perspectiva, ya no un vano llamado a la reflexión –que, como estas ilusorias líneas, no tienen la capacidad de causar el menor cambio de conducta– sino que se enfoca en la irreversibilidad técnica de estas consecuencias definitivas. El tiempo, se acabó.

La actual sequía en California –su inexorable desertificación– donde las autoridades ya han establecido multas monetarias draconianas y controles nunca imaginados por su severidad, prohibiendo lavados de vehículos en cualquier modalidad, el uso de piscinas, servir agua en restaurantes –entre otras restricciones– para cumplir con la meta de ahorro de agua de al menos 36%, que es el umbral mínimo para que esa enorme masa humana no deba ser relocalizada en el muy corto plazo; nos ofrece un panorama de una película de horror, la cual muy pronto se exhibirá –aunque usted no la quiera ver– con toda incomodidad en su propio hogar.

38 DE FALSOS CIRCOS Y DE ANIMALES VERDADEROS

Cuando en 2010 una orca de espectáculo mató a su adiestradora en Orlando, más allá de la natural consternación por la muerte de un ser humano, se vino desenvolviendo poco a poco la madeja de cómo estos seres tan inteligentes son llevados a verdaderos calvarios durante su amaestramiento, al ser sometidos a extenuantes rutinas totalmente antinaturales en espacios ultra-reducidos, provocándoles estrés, fatiga y ansiedad, que les llevan a desarrollar cuadros depresivos, y en algunos casos, aparente locura, con resultados trágicos.

El verdadero carácter de dicha "entrenadora" fallecida fue quedando en evidencia con los testimonios puntuales que se filtraron, lo cual justamente, permitió que al menos dicho cetáceo no fuese sacrificado, sino que se le confinó a un retiro forzado, por el acto de rebeldía ante su torturadora profesional.

Hasta entonces se supo de las extenuantes jornadas, maltratos y otros condicionamientos para que pudieran estos mamíferos desarrollar nuevos "trucos", y obtener su alimento bajo esos esquemas claramente definidos como torturas, lo cual ocurre a costa del incentivo económico provisto por los "¿seres civilizados?" que asisten a estas deleznables exhibiciones.

En un tono mayor está ahora el grave problema, tanto en frecuencia como severidad, de los frecuentes incidentes con estos seres propiedad de esas entidades comerciales, los cuales han atacado al público o intentado escapar de su horrorosa cárcel, entre otras situaciones alarmantes.

Los nicaragüenses, con nuestra proverbial actitud de diáfana insensibilidad y de ciega ignorancia, toleramos y aceptamos aún en nuestra aberrada "normalidad" estos degradantes actos como diversión, donde no solamente estamos hablando de verdaderos torturadores, sino que el estado de Nicaragua los legitima y bendice al otorgarles una licencia para que sigan actuando, no solamente con el peligro inminente hacia el público, sino con el terrible mal ejemplo para la niñez.

El problema verdadero está en el mensaje enviado a los menores sobre la "normalización" de la violencia y maltrato hacia los seres distintos a nosotros, lo cual es mucho más importante evitar que los impuestos que puedan pagar estas empresas de *pseudo-arte*, en donde se masifica el torcimiento y degradación continua de los valores de la niñez nicaragüense, lo cual seguramente incidirá en la inclinación a maltratar ya sea animales o también a sus semejantes.

México, con una mayor tradición circense, ha establecido ya la prohibición expresa en cinco estados para funciones con animales en cautiverio, amén de una larga lista de países que están anteponiendo la formación correcta de su niñez; prohibiendo no solamente la realización de estas indignantes prácticas sino también el tránsito por el territorio de cualquier organización que exhiba animales como negocio.

Nicaragua debe modificar la ley vigente para proscribir por siempre este tipo de bochornosos espectáculos.

39 EL *ÉBOLA* A LAS PUERTAS: ¿ESTAREMOS PREPARADOS?

Conversaba hace unos días con un apreciado amigo de un prestigioso diario, especulando sobre cuál sería el titular del primer caso en el país, pero sobre todo, cuál también sería la reacción particular de esta sociedad ante una enfermedad que no tiene cura, ni tratamiento, simplemente es la condena a muerte ejecutada en pocos días, cuya transmisión es por contacto con fluidos y particulados corporales, inclusive objetos que hayan sido tocados por la persona infectada, se dice que hasta mascotas, incluyendo hasta los equipos de emergencia y hasta los vehículos de transporte utilizados.

Lejos de alarmar o de causar desasosiego, es importante ver como un precedente, que algunos poquísimos infectados habían sido curados en EE. UU. mediante la aplicación de sueros experimentales, siendo lamentable que el último paciente no sobreviviera. España, que por más que ha intentado curar a sus enfermos repatriados de África Occidental, todos han fallecido, con el agravante de tener su primer infectado quien no lo adquirió en ese continente.

Algunos entendidos en el tema opinan que es improbable que esta enfermedad se transforme en una verdadera pandemia, comparándolo con la tasa de contagio de otras pestes, asumiendo erróneamente que los recursos disponibles como naciones desarrolladas son los mismos que disponen otros países que apenas son conglomerados o asentamientos humanos, no solamente en lo que se conoce ahora como "estados fallidos", sino territorios con recursos ultra-limitados o simplemente inexistentes, como el nuestro.

Basta solamente leer las crónicas disponibles en los medios de España y EE. UU., sobre los recursos requeridos y altamente especializados; los sofisticados equipos de aislamiento, los trajes anti-contagio del personal médico, que simplemente pareciera que se está hablando de astronautas o por lo menos, de una disposición de recursos tan lejana de nosotros como Marte.

A mi juicio, el impacto probable que vaya a tener este contagio no está escrito aún. Las declaraciones de expertos sobre su improbabilidad como pandemia son hechas desde la comodidad de sillones en naciones con una altísima dotación de recursos y controles tecnológicos. La realidad que ellos parecen ignorar, son las pasmosas carencias en otras regiones, que hace que las tasas de contagio puedan en cortísimo tiempo alcanzar crecimientos exponenciales.

El escenario apocalíptico no es el bien dotado Madrid con unas pocas decenas de casos, es la referencia actual de Liberia, Sierra Leona, Senegal. No es lo mismo cien casos de *Ébola* en Madrid, España, que, en Madriz, Nicaragua.

Las preguntas obligadas son: ¿Tiene el gobierno acciones preventivas actuales y medidas de contingencia? ¿Se tienen contemplados los escenarios posibles? ¿Se sabe ya cómo, quiénes, cuántos y con cuáles equipos se atendería hoy el primer caso? El tiempo es un atleta, siempre está corriendo.

40 ELOGIO DE LA IRREVERENCIA

Confieso que cuando muy joven escuché la frase *"La religión es el opio de los pueblos"* -la cual, aunque no es de Marx, sino muy anterior a él, pero por citarla se le atribuye-, pensé ingenuamente que estaba ante alguien que, por blasfemo, de seguro se había ido al infierno.

No obstante, una vez que los años me curaron la enfermedad de la juventud, creo haberla entendido –pienso– que, en su dimensión práctica, y la frase no deja de martillarme repetidamente en estos días, cuando aún está fresca la sangre de los 12 –casualmente el mismo mítico número– de los caricaturistas del semanario *Charlie Hebdo*, hoy día los apóstoles de la necesaria irreverencia.

Este crimen absurdo, de naturaleza *orwelliana* -en donde los asesinos proclaman que *la vida es la muerte*, que *la violencia es la paz*, que *la estupidez es la razón*, que *el más puro amor es a balazos*- es un acto canalla que hiere a todas las personas que creemos firmemente en el imperativo de la libertad de expresión, en la irreverencia como un recurso positivo para asegurar nuestra propia cordura, como individuos y sociedades, de asirse a la realidad ante tantos absurdos que surgen globalmente de cualquier fuente de dominio, potestad o autoridad.

La brutal y cobarde masacre de estos críticos sociales –

artistas necesarios–no debe hacer de ellos mártires dolorosos, sino héroes verdaderos, más vivos y presentes que nunca, apóstoles inmortales del cuestionamiento, del formidable poder crítico de la irreverencia que debe fustigar todos los poderes, obsequiando un regalo crítico independiente, mordaz –indudablemente– para determinar si una cultura otrora tan rica y gloriosa, abundante en invenciones, desde las más avanzadas matemáticas, arquitectura y medicina, acaso quedó extraviada en la edad media ante una religión que predica exactamente contra sí misma con estos actos criminales de sus miembros.

La irreverencia, la exposición a un posible ridículo afrenta solamente la mente de aquellos que tienen un fundado temor de efectivamente estar viviendo un absurdo, pero su reacción desemboca no en cuestionarse la posible utilidad reflexiva del supuesto agravio, sino en responder de forma atroz violando el máximo derecho universal como es la vida humana.

Es una muestra enciclopédica de cobardía anteponer el primitivo argumento de la "dignidad de las religiones" como excusa velada para justificar estos crímenes de odio cometidos contra personas indefensas. Deben verse simplemente como lo que son, expresiones de una filosofía trasnochada y nihilista que avanza como metástasis, y que como promesa y bandera tiene la eliminación de la sociedad a como la conocemos, asesinando a quienes no comparten una fe absurda, retrógrada y opuesta a los más elementales y protegidos valores de una civilización.

¡Yo también soy Charlie Hebdo!

41 LA EXTORSIÓN EN LOS SEMÁFOROS

Una de las situaciones más incómodas que se puede experimentar en Nicaragua es enfrentarse a un semáforo en rojo. Su vehículo no se ha detenido, cuando de la nada, surge esa persona, quien procede a tirarle agua sucia al parabrisas y pasarle una curtida escobilla de hule, la cual termina de empañarle esa necesaria transparencia. Le guste o no.

Nada valen las indicaciones perentorias de no realizar ese servicio no solicitado, puesto que es nada más que una extorsión; así de simple: Me das dinero o te ensucio el vidrio. Me das dinero puesto que tengo derecho a perturbarte; me das dinero porque mi desocupación es fuente de derecho; me das dinero porque mi "pobreza" me legitima; me das dinero porque tenés carro y yo no.

El problema puede parecer trivial, pero tiene conductas delictivas, las cuales no importan que estén o no contempladas en nuestros códigos, que de todos modos son tan ilusorios como inútiles; el problema radica en que esa extorsión, tolerada a vista y paciencia de las autoridades, modela otros comportamientos peligrosos, en donde la justificación del hechor es que "tiene permiso" para obtener dinero de una forma abiertamente violenta, lo cual viola la tranquilidad de las personas, el derecho a la libre circulación, y sobre todo, provee complicidad para la comisión de otros delitos: robos de carteras, emblemas y otras partes de externas su vehículo.

La situación es más indignante cuando quien conduce es una mujer, puesto que estos agresores con tácita licencia, saben perfectamente que estas son más vulnerables a ser extorsionadas o son más sensibles al recurso "del pobrecito"; ocurriendo continuamente casos en que la conductora es agredida verbalmente, se le acosa golpeándole el vidrio, dejándole los *tricos* levantados, rayándole olímpicamente el vehículo, espetándole palabras procaces o haciéndole gestos obscenos, si se niega a pagar este otro *"legitimizado"* impuesto de rodamiento –que anualizado es mucho más alto que el oficial– el cual está también plenamente institucionalizado por la proverbial inacción de las autoridades.

Es singular que en un país en donde tantas organizaciones y personas viven y se lucran de los "enfoques de género", ninguna haya tomado acción por esta práctica cotidiana violenta, que también agrede diariamente a las féminas, sin que nadie diga esta boca es mía.

Entiendo que el derecho a la tranquilidad y el respeto a la propiedad privada tal vez no sean suficientes razones para que la Policía Nacional prohíba y reprima esta clara extorsión, pero al menos debería analizarse el efecto provocado en el caos vial en las intersecciones, ya que atrasan gravemente la circulación y provocan -directa e indirectamente- accidentes viales, de los cuales, esta institución afirma continuamente, estar interesada en su prevención.

42 LLAMANDO AL 115

El domingo pasado a las 4.00 pm transitábamos mi familia por el km 21 de la Carretera a Masaya, cuando pudimos divisar humaredas y llamas en las faldas del volcán Santiago. Inmediatamente me detuve y pedí el número de los bomberos, dándoseme el 115 y 911, para reportar dicho siniestro en este valioso parque nacional.

Llamé al menos 10 veces a cada número, pero ¡sorpresa!, salía ocupado el primero, y con el mítico 911, por alguna razón, no se podía enlazar la llamada. Al pensar que era tiempo perdido quedarme allí, me dirigí de inmediato a la entrada de dicho parque, avisando a dichos funcionarios que en forma tranquila desde su caseta estaban vendiendo tiquetes al público.

Uno de ellos me manifestó, mientras seguía con parsimonia recibiendo efectivo y entregando boletos y dejando entrar al público: "Sí, dicen que hay un conato de fuego, pero que ya lo están controlando". Le mencioné que no era ningún conato, que las llamas eran elevadas, por lo que debían enlazar con bomberos, puesto que el número de referencia salía ocupado.

Este no hizo más que llamar por radio a alguna otra persona y decirle que "Aquí un señor dice que hay un incendio frente al kilómetro 21, hay que ir a ver qué es".

No hubo más reacción de los administrativos, sino que continuar con la venta de los boletos.

La situación pudiera parecer normal -únicamente aquí en Nicaragua- por supuesto, pero debemos hacer algunas reflexiones inmediatas; en primer lugar, está bien que una casa particular pueda darse el lujo de tener una línea ocupada. Desconozco cuántos troncales dispone el servicio de emergencias de los bomberos, pero es inconcebible que, por su propia naturaleza, pueda usted llamar a esa imprescindible entidad y obtener un mensaje "El número que usted llamó está ocupado", siendo este uno de los factores en cuyo ranking los países serios destacan por tener los tiempos más cortos de respuesta brindando un servicio efectivo.

El otro punto para reflexión constructiva, que es la única intención de estas letras, es el planteamiento de la necesaria mejora en el sistema de requisa de visitantes y el monitoreo de humos como advertencia temprana, ya que es imposible que a pesar que existan guarda parques -o al menos, uniformados que aparentan serlo- no dispongan de un sistema de respuesta ante la emergencia más ágil y efectivo frente a estas situaciones y prevenir su escalamiento a un fuego declarado, como el que en realidad fue, ya que pudo verse en las noticias impresas del día siguiente, la grave devastación del siniestro en el bosque seco de ese santuario natural, que en forma lamentable en verano, siempre sufre este tipo de vandalismos.

43 PRECIOS BAJOS DEL PETRÓLEO: ¿COYUNTURA O PERMANENCIA?

El precio del barril de referencia internacional ha decaído desde junio a esta parte, en casi un 40% debido a varias razones, entre ellas, una falla la estimación en las predicciones de consumo globales, así como un nivel de producción más elevado de la OPEP, del cual se dice que estaba sobredimensionado.

Tal vez sea útil saber si esta es una situación de corto plazo o de alguna duración mayor. Hay otros factores tecnológicos que ahora están incidiendo en el precio, siendo el principal la tecnología para su extracción. Algunos piensan que la riqueza viene simplemente de tener yacimientos petroleros, lo cual es una afirmación gravemente dudosa con ejemplos a la mano.

Hoy no basta tener reservas petroleras, sino, la tecnología necesaria para ubicarlas. La prospección, esa ciencia de inalcanzable precio y restricciones, es usada por empresas monopólicas de alto nivel para identificar yacimientos comercialmente viables.

La innovación también viene ahora con el revolucionario método del *fracking*, que no es más que la obtención de petróleo y gas de yacimientos notradicionales, en donde por medio de la inyección de agua, químicos, arena y otros compuestos, hacen salir del estrato llamado esquisto, todos los hidrocarburos contenidos, lo cual ha hecho que por campos en Dakota del Norte y Texas, entre otros que se están incorporando día a día, EE.UU. haya incrementado su producción en al menos 33%, haciéndolo hoy mucho menos vulnerable como importador de energía.

No obstante, la industria del esquisto posee sus inconvenientes, puesto que cada pozo tiene costos muy variables y su vida útil promedio es de 2 años, aunque el número de pozos abiertos en EE. UU., según *The Economist* del 6 dic 2014, ha alcanzado los 20 mil desde 2010, y contando. Además, se considera que un precio viable para este método inicia en $70 por barril; debajo, es insostenible.

Localmente, sin hacer números, pienso que el único factor que podría disminuirse es la inflación -el cual no es menor por su efecto multiplicador- y un aumento en el consumo; pero otras consecuencias sensibles, tal vez no están claras aún y habría que actuar cautamente.

Los perdedores son los países netamente rentistas, sin economías diversificadas: la princesa de la pasarela es Venezuela, que ojalá los carpinteros de la macroeconomía determinen el impacto probable en el comercio bilateral con Nicaragua. Rusia y Nigeria están viendo que sus monedas se convierten en agua, y se dice que apenas están en las primeras páginas de su vaticinado libro del apocalipsis económico.

Mi creencia es que podemos estar solamente en presencia de una burbuja, que la mano -muy visible de mercado- reventará, más temprano que tarde, volviendo a sus siempre obscenos precios *cartelizados*.

44 ¿TURISMO DE AVENTURA O AVENTURAS DE DEPREDACIÓN?

El fin justifica los medios es un argumento en extremo peligroso. En Nicaragua, esta expresión maquiavelista, es –aunque de forma muy lamentable–técnicamente ya una fuente de derecho.

Acontece que cuando personas de escasos recursos cometen graves crímenes contra el ambiente, exterminando especies protegidas o en veda, existe tácitamente una grotesca justificación o condonación –por la inacción de las autoridades– sobre esos graves hechos, por la razón absurda "del pobrecito" que lucha por sobrevivir.

El caso actual en donde una operadora turística (¿?) incluye en su itinerario de "aventuras extremas" la depredación de nuestras especies, sean palomas, patos o cualquier tipo de fauna, su revelación debería avergonzar a las autoridades, indignando también a cualquier ciudadano-a por la afrenta de ofrecer a nuestro país y nuestros recursos silvestres para exterminarlos, causando agravios patrimoniales a todos y cada uno de nosotros.

Son tristemente dos justificaciones paralelas cuando se trata de ganar dinero a expensas de un bien común, nuestra biodiversidad, la cual tiene un nivel natural de equilibrio que debe ser protegido, independientemente que se diga que no son especies en extinción, ¡como si no fuese esta aniquilación masiva la que precisamente extingue las especies! Comete la misma oprobiosa acción aquel que supuesta pero falsamente no tiene recursos para su subsistencia, que agrede y depreda nuestra fauna; al igual que quien lo hace por "unos dólares más". Ambas son expresiones de un mismo pillaje.

Señora Silvia de Levy: En Costa Rica en octubre de 2012, se prohibió la cacería deportiva por iniciativa popular, cuya Ley de Vida Silvestre fue reformada estipulando que está justificada solamente cuando se trate de investigaciones científicas, subsistencia y control de especies, exceptuando la pesca artesanal y deportiva. El movimiento contó con el apoyo de 177 mil personas encabezadas por una ONG: http://www.abc.com.py/internacionales/costa-rica-prohibe-la-caceria-deportiva-por-iniciativa-popular-458375.html

Es triste, pero usual, que las autoridades no actúen por estos crímenes contra nuestro patrimonio, aun cuando este expolio estaba siendo realizado, promovido y publicitado alevosamente, siendo también un rumor a voces que existen personas que, en la misma forma inescrupulosa, realizan, con el conocimiento de las autoridades, los mismos safaris de depredación en los santuarios de vida silvestre en varios puntos de nuestro país, entre ellos, la reserva de Apacunca, en Chinandega.

Mientras otras naciones promueven leyes integrales estimulando el turismo de observación de especies, aquí invitamos al mundo para aniquilar nuestra fauna. ¡Qué país!

Siguiendo la recomendación de la titular de CANATUR, de "tener una mente abierta", hay que abrirla también al Derecho, con el artículo 373 del Código Penal "Aprovechamiento ilegal de recursos naturales", que sanciona con seis meses a dos años de prisión estas conductas.

La Procuraduría Ambiental debería acusar sin dilaciones.

45 ZUCKERBERG Y SU DESAFÍO

A finales del año pasado el creador de Facebook lanzó como reto a la comunidad planetaria su particular propósito de año nuevo: Leer 2 libros trascendentes por mes; "El año en libros", para profundizar sobre temas contemporáneos que la misma cultura de redes sociales y la marcada superficialidad con que en ella se abordan temáticas relevantes, hacen necesario recurrir al conocimiento suficientemente profundo para el análisis de las grandes tendencias que estamos siendo testigos; toda una oportuna resolución para curarse de una viral trivialidad que caracteriza a nuestras *hiperinformadas* sociedades.

"Usted es un océano de conocimientos, pero de sólo

una pulgada de profundidad" fue la frase que le escuché un día a uno de mis inolvidables profesores universitarios, al debatir él airadamente con un colega, en donde le conminaba a que le llamara cuando hubiese profundizado más sobre el conocimiento del tema en polémica, y de lo cual no quedó ninguna duda, que a pesar de lo irritante de la frase, su oportunidad y exactitud eran inobjetables, lo cual justificó que él académico se levantara y no volviera más.

El primer libro que escogió Zuckerberg para su cruzada contra la superficialidad ha sido el extraordinario libro *"El Fin del Poder"*, de Moisés Naím, venezolano universal, con un bagaje extraordinario y su experiencia como catedrático de las mejores universidades norteamericanas, escritor y articulista de fama mundial, considerado por la revista británica *Prospect* como uno de los 10 pensadores contemporáneos más influyentes del planeta.

Su libro, absorbente como pocos que recuerde, discurre en forma extremamente precisa, con números y análisis penetrantes sobre cómo el poder y su ejercicio, viene mutando desde la antigua forma convencional omnímoda con que solía ejercerse, hasta la dispersión e ineficacia que hacen que hoy –desde las potencias tradicionales hasta los feudos menos notorios–no lo puedan imponer caprichosamente, ya que se ha experimentado un surgimiento de nuevos agentes que coartan esa autonomía de ejercicio a la que antes cualquier potencia podía recurrir, y remarca que los frenos a su aplicación están atornillados al poder mismo de las nuevas comunicaciones y tecnologías con su colosal influencia en moldear opiniones, ideas y concretar acciones que provocan cambios y resultados que frecuentemente son muy difíciles de predecir.

También señala ejemplos precisos de cómo el ascenso al poder se genera a partir ya no de la prostituida promesa de una buena gestión pública, sino de la capacidad mediática neta, narrando anecdóticamente el caso de

Tiririca, un payaso y humorista brasileño que llegó a diputado siendo más votado que cualquier contendiente de los partidos tradicionales, legitimándose –según la lógica y contundente interpretación del electorado–mucho más que sus burdos imitadores, competidores amateur abundantes en cualquier congreso nacional.

46 EL ENGAÑO DE ÍCARO

Uno de los libros que con más agrado he leído esta semana ha sido este de Seth Godin, en donde el título incluye una pregunta provocadora *"¿Hasta dónde quieres volar?"*, y trata precisamente sobre la autoconciencia de las ataduras y el software mental equivocado que no nos permite ser quienes potencialmente somos.

La idea central de esa obra es la que yo llamo "domesticación" de los trabajos actuales, que, bajo una falsa sensación de seguridad económica y una ciega obediencia a los rituales organizacionales, hacen que te conviertas en un perfecto autómata; alguien que, por esa mínima comodidad quincenal de un depósito a su cuenta, condena y asesina todo su potencial creativo que podría llevarlo a niveles insospechados de autorrealización, incluyendo, beneficios económicos extraordinarios.

El libro plantea la necesidad de desarrollar un enfoque artístico al dilema del propio desarrollo personal y plantea el reto de abrir los ojos ante un espejismo que tiene atrapados a millones de seres humanos, legítimos robots administrativos, quienes soportan condiciones organizacionales en trabajos que son legítimos "gulags" sin haber enfrentado el reto enorme y único de abandonar ese gastado modelo, planteándose una idea que pueda convertirse en negocio viable, demostrando tus verdaderas capacidades y talentos que aún no has descubierto.

Las propuestas las he encontrado especialmente útiles por ser para mí remembranzas autobiográficas, transportándome donde por muchos años laboré en un rígido ambiente corporativo, en donde una "sabia mano" asignaba las responsabilidades, delimitaba infaliblemente los linderos máximos de tus capacidades, señalando con augusta y caprichosa majestad quiénes eran los elegidos por esos supuestos y conjeturales méritos, que al final de cuenta, esa aceptación existencial no era más que esa cobarde concesión que un asalariado le rinde como tributo al miedo al desempleo, o bien, a esa conjetura apocalíptica de un fracaso personal, pero que en realidad son parte de los programas mentales que uno adopta por evasión a contestarse difíciles preguntas existenciales.

Su mensaje no va dirigido solo a aquellos que perciben un salario de supervivientes, sino sobre todo, a quienes disfrutan de una razonablemente alta remuneración, pues es allí cuando más fuerte se presenta la sujeción al estatus quo, en donde estos beneficios implican una obediencia ciega con grave anulación individual, que en silencio provocan angustia cuando se analiza el futuro bajo ese modelo sacralizado y hace que "aceptemos la agotadora banalidad de la monotonía, de la sumisión, de quedarnos sentados en nuestro cubículo o de tragarnos el orgullo en una reunión. A esto lo llamamos trabajar, y nos han dicho que nos aguantemos, porque es nuestro empleo". Es simplemente la maldición de la zona de comodidad.

Godin apunta a que los individuos de mayor éxito son aquellos que se han probado a sí mismos que pueden ser exitosos fuera de esa burbuja protectora, para que salgas a medirte y emprender una idea productiva. Aquellos que abandonan el comportamiento de cuadrilla, de multitud, de tropa, por supuesto que enfrentarán formidables desafíos, pero tendrán indudablemente una vida interesante, ya que el fracaso verdadero no existe, sino que pudieran ser solo etapas sucesivas de aprendizaje para alcanzar el éxito, ya que es como el autor lo menciona, el triunfo es un proceso y no un suceso.

Hazte hoy y ahora en tu oficina esas preguntas difíciles sobre tu propio futuro laboral; cuál es tu nivel de satisfacción actual, hacia dónde vas, cuál será tu respuesta cuando alguien te pregunte -no sobre el éxito o el fracaso como individuo- sino, si tuviste o no el valor de probarte y vencerte a ti mismo, de llegar finalmente a ser, quien realmente podías ser.

19-mayo-2015

47 ASIGNATURAS PENDIENTES

Cada vez estoy más convencido que existen diversas materias que no están en los pensum convencionales de las universidades, debido principalmente, a razones comerciales, pero que si lo estuvieran, dotarían a los graduandos –especialmente a los jóvenes sin experiencia laboral– a destacarse en su trabajo desde el primer día, venciendo ese temor escénico, esa incertidumbre, ese cambio existencial que a veces desorienta la acción y enfoque para lograr resultados extraordinarios en su primer empleo formal.

Aunque no recomiendo los empleos asalariados, porque pienso que matan la iniciativa individual, sí creo que al menos se pueden aprovechar como un laboratorio de aprendizaje, para luego poner en práctica esos conocimientos en un necesario emprendimiento propio.

Mi primer día laboral fue el día que cumplí 17 años. Me hubiera encantado haber tenido un prontuario que me indicara –mucho antes que lo hiciera la experiencia– sobre lo imprescindible de estos factores:

1.   La suprema importancia de la apariencia personal: Algunos jóvenes estiman el trabajo como un lugar más de informalidad y descuidan su apariencia, no solamente en el vestir, sino hasta en la forma de expresarse, de sentarse,

pensando que la práctica común es el descuido. No es casualidad que haya tantas personas que fracasen en una entrevista de empleo en los primeros 10 segundos. No hay segundas impresiones.

2. Puntualidad máxima: cuando llegas a aceptar la creencia que existe una "hora nica" que todo el mundo aceptará irremediablemente, es cuando ya perdiste numerosas oportunidades sin retorno. No aceptes jamás esta falta de respeto para el resto de las personas. Exige puntualidad.

3. Ofrécete siempre para las tareas difíciles antes que pidan voluntarios. Las personas que hacen exactamente lo que se les pide, no deben ganar más salario que el que se les paga. Las personas extraordinarias hacen aquello que no se les ha pedido, pero que la empresa requiere que alguien lo haga. No esperes a que la asignación llegue a buscarte, ve y pregunta por ella, una vez que la encuentres, aplica toda tu energía en terminarla. Sé implacable en esto.

4. Responde a los mensajes en forma inmediata. Si la situación es urgente, toma el teléfono y haz esa llamada, no esperes a que todo vaya por el correo electrónico.

5. Apréndete de memoria la Misión y los valores de la empresa. La razón de ser de donde trabajas te orientará a saber qué es lo que está de primero y desarmará inmediatamente a cualquiera que actúe en contra de esos planteamientos.

6. No improvises jamás ante una pregunta. Si no sabes una respuesta, no tengas ningún inconveniente en decirlo. La honestidad es un regalo valioso que uno se da a sí mismo y que puedes gozarla todos los días.

7. Lee profesionalmente sobre la actividad de la empresa, esfuérzate por saber qué hacen las compañías líderes en la industria, trata de ver cuáles prácticas innovadoras pueden ser adoptadas e implantadas.

8. Pide que te capaciten en los temas disponibles para mejoramiento organizacional. Escoge aquellas áreas que la mayoría rechace por complejas, difíciles o aburridas,

es allí en donde podrás hacerte un especialista.

9. Aprende a presentar efectivamente tus ideas. Estudia sobre las claves para conducir presentaciones de negocio efectivas, será una habilidad que te abrirá cualquier puerta.

10. No desperdicies tu tiempo. Considera siempre en tu mente que eres la persona con el salario más alto, y a la vez, de quien tienen las expectativas más elevadas. Te servirá para no distraerte en actividades ociosas.

11. Que no te perturbe comenzar de *PTM*. La mayoría de los grandes íconos empresariales lo fueron, y bendicen esa gran oportunidad.

7-julio-2015

48 IMPROVISACIÓN Y ACTUACIÓN

Frecuentemente se habla en términos despectivos de la improvisación en la enseñanza o en la capacitación técnica, la cual en sí misma, es meritoria de crítica, indudablemente.

Hoy, la improvisación, la cual con frecuencia viene acompañada de su hermana gemela, el plagio, o la vil copia y utilización de material con propiedad intelectual, señalan conductas que dejan de cuerpo entero –desnudo, como en el cuento moral del traje del emperador– exponiendo las carnes –y el doloso engaño– ante la pública vista.

No obstante, hay una arista que debe ser estudiada con detalle: la improvisación como habilidad enana o deforme del séptimo arte, como un pariente indeseable de la actuación -una virtud negativa, contrahecha y deforme- que expone su boca *chintana* con grosera pretensión de provocar respeto, en un arrebato provocado por la anarquía moral del ámbito común contemporáneo, llegando incluso pensar que puede merecer algún reconocimiento intelectual.

Me narraba mi amigo la historia con dolor y aquel sentimiento mordiente de haber sido estafado; de haber pecado de ingenuo en no haber verificado previamente los atestados profesionales de quienes se reputaban de personas expertas, puesto que se pensó que la organización que supuestamente avalaba dicha formación, tendría una actuación éticamente responsable en asegurarse requisitos mínimos de experiencia, formación, titulación, y por supuesto, una certificación profesional de lo que se estaba enseñando.

Pero nada de eso ocurrió. La mentalidad mercantilista es infinitamente viral, puede contraerse en cualquier rincón. Solamente necesita tener un acuerdo de partes montar su poderoso engaño. El juego de espejos y el fachadismo es su recurso predilecto.

El programa lucía "profesional", narraba, pero fue nada más que el principio -fui cegado, al igual que el resto de la audiencia, por efectos pirotécnicos de PowerPoint- que disfrazaban el conocimiento superficial del tema dictado por quien "conferenciaba", casi leyendo los tópicos, sin dominio alguno más que actoral, cargado de un humor basto y grosero, siguiendo un rumbo errático que, en ausencia de una investigación responsable sobre la temática y sin experiencia práctica, lógicamente desembocó en un grave error de cálculo; primero en una sospecha de la audiencia que fue creciendo en olas concéntricas de inconformidad, y finalmente, de manifiesto rechazo ante lo magro y diminuto de las pseudo enseñanzas o experiencias, que eran más bien ingenuas anécdotas más apropiadas para un parvulario.

Como corolario, pidió a quien hacía la pantomima rellena de ademanes y gesticulaciones copiadas en algún otro gurú contemporáneo disponible en YouTube, que por favor le dijera dónde había adquirido sus galones o habilitación mínima para impartir esa enseñanza especializada, siendo su sorpresa mayúscula al responderle quien presentaba, que eso no hacía falta, que su formación era por "estudio autodidacta", ya que era persona "profesional de la capacitación", y que podía prescindir del respaldo profesional en la materia.

Era la Marcha Triunfal de los "profesionales de la actuación", pero no ya del séptimo arte, sino acaso del septuagésimo, el del experto en improvisación.

Regresé -me dijo con inocultable pesadumbre- con la mochila vacía donde pensé traer de vuelta los conocimientos nuevos- finalizó.

Como hoy todo se improvisa, también se atropella —con una impunidad irreverente— el rigor, el estudio, la disciplina, la formación, pero sobre todo, se repentizan aquellos requisitos mínimos de experiencia formal, de praxis comprobable, desembocando también como ineludible producto final, en la formación masiva de otros improvisadores —su propia audiencia— quienes pensarán y actuarán con ese modelo cojo y disfuncional, de ese legítimo género bufo, en que no es necesario presentar una acreditación que brinde certidumbre a quien contrata sus servicios, lo cual cuando usted lo tolera, promueve activamente, un analfabetismo "funcional".

10-agosto-2015

49 DESPERDICIO DE EXPERIENCIA

Una de las singularidades que más llama la atención en nuestros países, principalmente en Nicaragua, es la dilapidación de la experiencia profesional acumulada en aquellas personas –ejecutivos competentes y técnicos calificados– en edad de retiro, es decir, a partir de los ahora jóvenes y lozanos 60 años.

Si se pudiera hacer una evaluación de costos económicos implícitos, sobre el desaprovechamiento de este recurso profesional, seguramente estaríamos en presencia de una de las fuentes de asesoría y consultoría más competentes y accesibles, para aquellos emprendimientos que requieren este tipo de talento con experiencia inigualable, lo cual incrementaría su probabilidad de éxito.

¿Quimera? ¿Proposición sin sentido? Veamos los hechos en el país vanguardia de Europa, ya que Alemania posee desde hace varios años un plan de reinserción de jubilados calificados –especialmente de puestos ejecutivos y técnicos de alto nivel– que permite la colaboración remunerada de retirados para formar a los nuevos semilleros empresariales.

Daimler –fabricante de Mercedes Benz– reincorporó productivamente en 2015 a más de 600 extrabajadores, con el fin único de hacer una transmisión de vastas experiencias, cualificaciones y habilidades profesionales no aprovechadas, iniciativa a la cual ya se han sumado numerosas empresas.

La ventaja es que estos esquemas funcionan con un enfoque de ganar-ganar, puesto que el tiempo que invierte la persona, ahora devenida en asesor empresarial, es parcial; normalmente tres días a la semana, o bajo modalidad de proyectos específicos, a una fracción razonable de su remuneración anterior.

La lógica de reinserción productiva es brutal, y aunque en Alemania la edad de retiro es 63 años, se sabe que ese umbral tiene una inconsistencia obvia, ya que está basado en expectativas de vida de 1970 o anteriores, pero que no considera los espectaculares avances en Medicina y salubridad en general —entre otros factores clave— que favorecen contemporáneamente la conservación de la salud y facultades hasta muy pasados los 70 años (74.46 años era la expectativa de vida para Nicaragua en 2012), considerando una distribución normal en la cual hay lógicamente una porción muy por arriba de esa media teórica.

Alemania cuenta desde hace varios años con la iniciativa del *Senior Experten Service (SES)*, que es el Servicio de Asesoría Empresarial de Expertos Retirados, conformado por este binomio de talento-experiencia, brindando —incluso de manera gratuita o con costos simbólicos— asesoría en formación, calificación de personal especializado, fortalecimiento de proyectos productivos y dirección a empresas.

El problema es que en Nicaragua, por pereza mental, toda iniciativa de mejora es considerada automáticamente como inviable, no obstante, las cámaras empresariales, organismos de desarrollo, así como las universidades, debieran plantearse un esquema de fortalecimiento de proyectos, micro, mini y pequeñas empresas, que incluya a este talento actualmente desaprovechado, condenado a veces por una estúpida prohibición de generar ingresos por los anacrónicos esquemas de seguridad social vigentes, o bien, por el paradigma comprobadamente equivocado que la "juventud" es la que mueve los negocios, cuando se sabe, que al fin y al cabo, las empresas más exitosas del mundo son aquellas que tienen detrás, una o varias mentes con una gran experiencia de vida, que únicamente brindan los años y las canas.

Tal vez así veríamos un incremento notorio en la creación y consolidación de empresas, productos y servicios mercadeables, pasando de lo soso, insulso y repetitivo de algunos dizques "proyectos productivos" que en las ferias no quedan más que en maquetas o en triviales prototipos o cascarones, siendo más bien entretenimientos estudiantiles que no logran fructificar, precisamente por la ausencia de asesoramiento y experiencia que los ejecutivos y técnicos retirados pueden suplir formidablemente.

¡Larga vida al talento viejo!

21-junio-2016

50 FUNDA TU PAÍS

Hará ya quince años cuando fui a esperar a un pariente cercano al cruce de Ticuantepe. Venía de Costa Rica donde había vivido por más de una década y algo me decía que su estado de ánimo no era el mejor. Al bajarse del enorme autobús, me entregó una carta en donde en forma lacónica, le comunicaban que por razones de "optimización de procesos", estaba despedido. Al terminar de leer la nota le vi a los ojos y los tenía humedecidos.

"Pensé hacer carrera en esa corporación" – me dijo con la voz quebrada– "tenía compromisos financieros y esperanzas, pero imagínate, me despidieron así nomás, ¿cómo voy a reflejar eso en mi currículum".

No obstante, el momento emocional, me dijo con una firmeza que la recuerdo como si ocurrió hoy: "Pero no importa. Este fue el último empleo que tuve, porque ahora voy a poner algo propio, sea como sea; voy a fundar mi propio país, en donde seré el dueño de mi negocio y destino. No le volveré a rendir cuentas a nadie".

El grado de convicción, y como diría Jean Paul Sartre, lo abrumador de la situación límite ante una angustia por esta su elección, anticipé que el objetivo que se había planteado como norte, inevitablemente habría de alcanzarlo.

A partir de ese momento, ese joven a quien recuerdo siempre en los encuentros esporádicos en que intercambiábamos impresiones, se dedicó a una serie de actividades que alguien con un reputado título profesional, habría creído extremas: pasar hacia Costa Rica en condiciones de mucho peligro por los asaltos nocturnos en la frontera, productos para la comunidad nicaragüense; cereales, antojos, queso, encomiendas, etc.

Para complementarse, realizaba actividades en donde en parques de allá y de aquí, cobraba por la redacción de cartas de distinta índole, incluso misivas de amor, para aquellos separados por la cruel distancia, quienes se maravillaban de su facilidad para la redacción capturando el sentido preciso de lo que querían expresar.

Un día, luego de muchos rebotes y experiencias diversas, había ya ahorrado un poco de dinero que le permitió comprar una miniempresa de logística, la cual era solamente un cascajo, un negocio paulatinamente quebrado, una diversión que cierto empresario agrícola le había instalado a su señora para que no se aburriese en su casa.

A pesar de los consejos familiares para que no se embarcara en esa quijotesca aventura, a ese luchador no lo amilanaron, ni nada pudo frenar su empuje en brindar una atención tan personalizada a los escasos clientes, tanto que estos no creían en que ese cambio estuviera ocurriendo.

Hoy, a esa distancia de años, la persona de quien hablo es un próspero empresario, quien completó un sueño basado en una determinación y perseverancia que rayaba en lo aparentemente irracional, pero, al fin y al cabo, su *grit*, su tozudez, su capacidad de retar a un estado de cosas en donde no tener empleo era equivalente a la muerte civil, lo hizo "fundar su propio país". Vaya mi admiración y respeto a su ejemplo.

No quiero simplificar irresponsablemente la complejidad de establecer uno su propio negocio, porque sé de lo que hablo; de romper con esa condición existencial en donde alguien decide arbitrariamente cuánto ganas y cuán valioso eres como persona, estableciendo absurdamente los límites de tu talento, incluso ante otros individuos.

Es imperativo saber que llegará un momento que hay que plantearse esa decisión –incluso con el Universo en contra– ese reto de encontrarse, de saber de cuál material uno está verdaderamente hecho, puesto que el no saberlo, implica una duda existencial que te perseguirá hasta la tumba.

9-agosto-2016

51 MEGA ESTRELLAS DEL ABSURDO

El 24 de junio recién pasado en Dallas, docenas de participantes en un seminario motivacional del mediático Tony Robbins -autor de varios libros de autoayuda, y uno de los gurúes más eminentes de la psicología pop- resultaron con quemaduras de diversos grados en las plantas de sus pies, después de tratar de caminar por una pasarela de carbones encendidos de cinco metros de recorrido, como parte de uno de los ejercicios del espectáculo llamado *"Unleash the Power Within"* (*Desate su poder interno*).

El fiasco dio lugar a una avalancha de críticas hacia las prácticas que estos modernos vendedores de ilusiones, iluminados de un potenciamiento simplista de habilidades y capacidades que aseguran hacer surgir automáticamente en aquellos dispuestos a pagar las enormes sumas por estos "seminarios", comprobando ser únicamente cucharadas psicológicas aderezadas con trucos de prestidigitación y recursos escénicos de consumados tele-evangelistas.

Como excusa ante este notorio *gaffe*, los organizadores del evento argumentaron que quienes habían sido internados en los hospitales hacia donde fueron estos despachados, no habían puesto suficiente (*focus*) enfoque en la prueba, y que más bien se habían distraído grabándose a sí mismos con sus celulares, lo cual provocó una "concentración imperfecta", a contravía de lo que el criterio médico señaló: "No hay que hacer estas prácticas, el fuego quema invariablemente, algunos de los internados van a requerir cirugía o trasplantes de piel, esa es la simple verdad".

No obstante, el evento tuvo su aprendizaje –y sin pretender ser destructivo– que las capacitaciones y formaciones que están orientadas solamente en recursos de utilería y en elementos facilistas, son un aprovechamiento de la buena fe de los ingenuos que los pagan.

Los modelos de superación personal basados en fórmulas mágicas, en poses, en milagrosas neuro-programaciones, entre otras excentricidades, son en definitiva absurdeces que mayoritariamente se cobijan en falsos enfoques científicos, en supuestos estudios profesionales y experiencias que solamente son combos de ilusiones, magia y tramoya llevados a un escenario circense, en donde ahora un mago de exquisito traje, auricular y diminuto micrófono, sustituye el sombrero y el conejo por efectos destellantes de PowerPoint, rutinas de yoga, poses rebuscadas así como frases de profundidad mínima, con aplausos fáciles a la menor participación de alguien de la audiencia.

Es un negocio global que se ha venido consolidando. Hoy día algunas gerencias pretenden mejorar al personal de las empresas utilizando fórmulas que apuntan ingenuamente a sustituir la verdadera preparación -la lectura de libros, de revistas especializadas, de estudios serios, de formadores experimentados, de formación universitaria competente- con sucedáneos mínimos que como píldoras de azúcar surten un espectacular efecto placebo, siendo meros contenidos espurios ayunos de experiencia, pero diestros en la fenomenología de masas, en bombardeos mediáticos, en libritos baratos resumidos, en un ilusionismo que se alimenta desmesuradamente del bolsillo de aquellos quienes piensan, esperanzadoramente, que el conocimiento y el éxito son virus fácilmente transmisibles como la gripe.

No predico en contra de las capacitaciones que verdaderamente puedan desarrollar el potencial del personal de las empresas, soy el que más a favor puede estar, pero sí hay que señalar que en ese objetivo hay siempre dos caminos: el fácil, que es el que comprende pensar ilusamente que con solo escuchar algunas frases sugestivas o de motivación simplista -parecidas más bien a un burdo realismo-mágico empresarial- se lograrán grandes resultados; y el otro, que es el camino estrecho y espinoso basado en el esfuerzo, disciplina, la revisión de materiales profesionales, la lectura de libros de autores calificados, la experimentación comprobada mediante métodos científicos, temas que por mentalidad comercial son evadidos por esos *marchands* de la *superación pop*. Falsos profetas.

52 DE CRÍMENES AMBIENTALES (O DE LA IMPUNIDAD)

La semana pasada circuló en las redes sociales el video de un enorme camión cisterna el cual descargaba aguas negras, supuestamente, en el cauce del río Chiquito, en el departamento de León. El video hizo una toma detallada de toda la operación, incluyendo la placa del automotor, hecho que a tenor de las leyes ambientales (No. 559), es un legítimo acto criminal, considerando que dicha normativa establece textualmente:

Artículo 6.- Contaminación del Suelo. Las personas naturales o jurídicas que de forma dolosa sin autorización correspondiente de la autoridad competente realicen directa o indirectamente, o autoricen y permitan el descargue, depósito o infiltración de aguas residuales, líquidos o materiales químicos o bioquímicos, desechos o contaminantes tóxicos en los suelos, por lo que se ocasione o pueda ocasionar inminentemente daños a la salud, a los recursos naturales, la biodiversidad, calidad del agua o a los ecosistemas en general, se les impondrá una pena de seis meses a cinco años de prisión y multa en córdobas equivalente entre un mil (U$ 1,000.00) a cincuenta mil dólares (U$ 50,000). Esto sin menoscabo del pago de los daños causados a terceros.

Artículo 7.- Contaminación de Aguas. La misma pena

del artículo anterior se impondrá a las personas naturales o jurídicas que de forma dolosa sin autorización correspondiente de la autoridad competente realicen directa o indirectamente, o autoricen y permitan el descargue, depósito o infiltración de aguas residuales, líquidos o materiales químicos o bioquímicos, desechos o contaminantes tóxicos en aguas marinas, ríos, cuencas y demás depósitos o corrientes de agua, que ocasionen o puedan ocasionar inminentemente daños a la salud, a los recursos naturales, la biodiversidad, calidad del agua o a los ecosistemas en general.

La acción tuvo numerosos comentarios de censura, pero solamente en una de las redes sociales, sin que se haya sabido por otros medios de comunicación -al menos busqué afanosamente la noticia- sobre el seguimiento, denuncia o procesamiento penal de esos criminales que ejecutaron tan salvaje acto de daño ambiental, al aire libre, en descampado, con la certidumbre de la mayor impunidad.

Alguien puede pensar que la normalidad de nuestro país es la impunidad, y tal vez podría estar en lo cierto, por eso no dejo de elevar mi voz al ver la indiferencia en general que como sociedad abordamos este tipo de situaciones, ya que en cualquier otro país -civilizado, por supuesto- esto traería graves consecuencias penales, no solamente para los propietarios del vehículo, sino para los dueños del cargamento -sea uno sólo o una colectividad de empresas- para las cuales se recolecta este tipo de desechos contaminantes.

Vivimos en la era del vicio, en el adormecimiento de la capacidad de denunciar, en el de "se usa y se bota", en esto es mío y no me importan los que vengan detrás; se ha perdido todo sentido de pertenencia a una sociedad, y de señalar a los que destruyen en nombre del lucro inmediato. Es inaudito ver la cantidad de noticias que aparecen los diarios y otros medios de comunicación, y -la nada- sobre lo que se hace por parte de las autoridades para hacer cumplir la ley.

Actualmente se ha publicado el despale que toma lugar en la cuenca del Estero Real, sin que nadie actúe ni reclame su protagonismo como autoridad. La reserva del Cosigüina es solamente una referencia histórica, un mito, mientras que Bosawás avanza como un tren a toda velocidad a su irremediable desaparición.

Algunos sostienen que jamás tendremos capacidad de destruir la tierra, ya ella siempre nos sobrevivirá, sino que somos solamente los dosificadores de nuestra propia extinción.

53 DE INNOVACIONES Y PARADIGMAS

Si se analizan los casos de las empresas más exitosas, tanto a nivel nacional como internacional, se verá que son pocas las que han establecido verdaderas innovaciones en sus productoservicios. Más que todo, siempre se trata de reducir las complejidades para que los clientes puedan comprar de una forma rápida, sin tropiezos y sin fallas.

Un paradigma innovador es, sin duda alguna, Amazon.com, donde bajo la promesa de un solo clic, así como suena, usted puede comprar cualquiera de sus propuestas en la propia tienda suya, es decir, en la que ese increíble comercio establece para cada cliente, con una oferta *hiperpersonalizada*.

Otras organizaciones confunden la innovación con simples mejoras en el servicio. Para eso, es importante tener en consideración que un modelo de negocios tendrá altas probabilidades de éxito -sí y solo sí- logra revertir los paradigmas negativos de la industria, entendido esto, como los defectos con que los competidores manufacturan u ofertan ese mismo productoservicio.

Consideremos el coyunturalmente famoso caso de *Über*, más que una innovación legítima, es un rompimiento de todos y cada uno de los paradigmas negativos relacionados con un servicio de transportación personal. Si nos remitimos a estos, me temo que podría cubrir el resto del texto útil de esta columna.

Tomar un taxi en Nicaragua es una verdadera aventura extrema, donde el principal riesgo es de seguridad personal, de ser asaltado, ya sea por el propio conductor y sus eventuales cómplices, o bien, en el otro tipo de asalto de baja intensidad, que es con la tarifa, puesto que no hay regulaciones capaces de ser respetadas por ese gremio.

Otro incidente de servicio es cuando el servicio lo niegan porque "voy para otro lado", o bien, cuando vacío ni siquiera se digna a reconocer a un pasajero, considerado esto una grave omisión de servicio, puesto que lo que está negando es un servicio público -entiéndase que debiera ser, por naturaleza, innegable- puesto que es una patente que se le ha concedido, y como contraprestación, debe atender todas las necesidades de los solicitantes de ese servicio público.

Otra situación grave es la falta de educación de los mismos taxistas, quienes no tienen empacho de exponerlo a usted a 90 decibeles o más con sus máquinas sónicas de tortura, lo cual hace que usted no pueda siquiera pedir que le bajen en volumen, a riesgo que aquel le devuelva un insulto o lo baje del vehículo. Las más graves son las circunstancias que atraviesan las mujeres, que tienen que soportar no solamente las actitudes lascivas, sino también, ser sexualmente acosadas sin poder huir.

Qué maravilla que usted pudiera hacer la reserva de un servicio confiable por medio de una aplicación en su celular y calificar efectivamente la experiencia de servicio, lo cual en *Über* es una obligatoriedad, en donde las acciones u omisiones que el conductor realice serán transformadas en consecuencias verificables, para asegurar un estándar de calidad mínimo para continuar prestando el servicio.

Imagínese usted hoy -toda una escena del teatro del absurdo- buscar algún lugar donde pueda quejarse de las atrocidades de servicio de algún taxista; no me mencione instituciones o personas; hábleme de alguna efectividad lograda, tangible, o bien, si alguno me cuenta si ha tenido experiencias positivas donde se haya tomado alguna acción ejemplar.

Peter Drucker, ese inmortal pensador empresarial, decía que "Es una desgracia el no tener competencia", puesto que no hay acicate más poderoso para mejorar un productoservicio; pero por supuesto, que la desgracia más grande es siempre la de todos los rehenes, perdón, quise decir, los usuarios.

54 AUTOEVALUANDO NUESTRO FUTURO LABORAL

Recientemente una amiga mía se quejaba sobre su gran dedicación de años, su esfuerzo y disponibilidad a toda prueba para la empresa donde labora, siendo el motivo de su desazón que no era considerada para una promoción o ascenso, a pesar de haber alcanzado y sobrepasado consistentemente las metas comerciales asignadas.

En algún momento del tiempo nos veremos empantanados en un trabajo con una paga más o menos decente, o con un salario bajo, pero con supuesta percepción de importancia: viajes, tarjeta corporativa, alojamiento de primera clase, viáticos, entre otras ilusiones; y sabemos con certeza que podemos conquistar retos mayores, pero sentimos que no se nos valora lo suficiente.

Cuando nos ponemos a reflexionar y a hacernos la pregunta que, si queremos eso para el resto de nuestra vida, la respuesta automática es un No rotundo, pero no tenemos aún el valor de hacer un plan de acción responsable para cambiar nuestra situación, ya sea abandonando ordenadamente ese trabajo o emprendiendo algo propio.

Sé que vas a decir: Es que tengo obligaciones y dependientes. Eso va a ocurrir en cualquier coyuntura, lo cual es un factor transversal para cualquier escenario, pero no debes dejar que sea una excusa o freno para la acción decisiva. El costo y consecuencia principal será permanecer prisionera en esa sedante zona de comodidad, en donde nos *autoterapiamos* en que ya vendrá la oportunidad ideal; pero la mala noticia es que esa nunca llega; sino que uno la tiene que forzar o parir.

Más allá de las promociones y ascensos del resto de colegas, las cuales pueden ser un indicativo que nuestra situación está condenada a mantenerse estancada, uno debe considerar otros signos muy claros para cambiar de trabajo o actividad, entre ellos:

1. El contenido del puesto es el mismo de los últimos cuatro años, para lo cual ya hemos dejado de aprender nuevas habilidades y experiencias significativas.

2. El tramo de responsabilidad que nos han asignado ha sido idéntico para el mismo período antes indicado.

3. No hay formación relevante, solamente las mismas cucharadas psicológicas de comunicación asertiva, gestión del cambio, liderazgo, ventas, entre otros, pero con poca vinculación con la gestión de resultados comerciales.

4. Los incrementos salariales descontados por la inflación evidencian que estás ganando menos dinero en términos reales. Cualquier remuneración que como mínimo no supere en términos nominales el 12 - 15% anual en Nicaragua, está sin mantenimiento de valor, es decir, ganas cada vez menos; estás regalando dinero a esa empresa.

5. Ha habido ya deserción de personal con sus mismas inquietudes, o bien, de algunos otros con menor experiencia, pero que han buscado rápidamente otros horizontes, lo cual demuestra poco atractivo en la empresa para personal de alto potencial.

6. Los estímulos y reconocimientos son aplausos, flores, medallas de latón o certificados. Existe toda una parafernalia de artículos pseudo motivacionales, que en realidad son caramelos y chiverías, no quitan el hambre; los

mejores incentivos son la asignación creciente de responsabilidades y los aumentos salariales correlativos.

7.   "Estás topado en banda, no podemos aumentarte porque desequilibramos la estructura", o "El sistema es lo que es". Trabajé muchos años en una empresa en que estas excusas baratas eran las favoritas de la dirección, que traducidas llanamente eran: "Tu puesto o especialidad no son prioridad", mensaje que en sí mismo es un banderazo de salida.

8.   Has recibido contacto de alguna empresa interesada en tu trabajo. Este es uno de los signos más claros que estás siendo subvaluado y que es tiempo de fundar tu propia república.

55 GASTANDO EL TIEMPO

La revista *Harvard Business Review* en su edición de diciembre 2016 hace un resumen de un artículo seminal de Tanya Menon y Leigh Thompson, en el cual abordan magistralmente el fenómeno del desperdicio del tiempo en las empresas, siendo el resultado de una encuesta de 83 ejecutivos globales, tratando de establecer el costo diario -así como está escrito- de lo que esas perversiones o "vicios ejecutivos" causan a las utilidades finales.

El artículo no tiene como premisa simple el hecho de mejorar el manejo del tiempo, sino que llamar la atención en los tópicos en que maníacamente suele degradarse el quehacer de los tomadores de decisiones, pero especialmente en aquellos relacionados con "problemas con personas".

Fue sorprendente que en una escala de mil a diez mil dólares diarios, el tiempo malgastado en hacerle frente a los problemas con personal cuyo desempeño es de bajo nivel o porque fueron contratados con improvisación, se posiciona en ocho mil dólares diarios; las negociaciones difíciles con clientes actuales le seguían de cerca, y en tercer lugar las reuniones improductivas, es decir, la *"reunionitis"*, esa compulsión deportiva de hacer juntas con bajísima efectividad, solamente por cumplir con rituales jerárquicos protocolarios.

En cuarto lugar, se señala con precisión a los líderes incompetentes que carecen de inspiración para motivar a los colaboradores, los cuales son otra plaga sin remedio que en algunas organizaciones no queda más que aguantarlos y como dice alguien por allí "ofrecer cristianamente ese sufrimiento al Señor".

Le siguen el tiempo destinado a atender a consultores cuyas ideas y posturas internas como es influir en el centro de poder, colocar operadores afines en puestos claves, o aquellos que se extralimitan en cumplir los deseos de quienes los contratan.

El desfile prosigue con un tópico -que para mi sorpresa- pensé que tenía un orden de prelación superior, el de los problemas que son ignorados por el miedo mismo a corregirlos, o por el temor a generar conflictos internos o externos, que como se sabe, son parte del menú diario de algunas organizaciones que prefieren darle largas a los temas estratégicamente valiosos, a las bondades de un nuevo equilibrio, por lo que prefieren mantener ese viejo y nocivo estatus quo -pero muy familiar y complaciente- metiendo, como se dice, la basura debajo de la alfombra o solamente pintando cosméticamente por "donde va a pasar la suegra".

Otro favorito de los 17 tópicos, es el que yo llamo el de las *masturbaciones mentales*, al realizar análisis innecesarios sobre situaciones hartamente obvias para resolverlos de inmediato, pero que en el afán de justificar, complacer, dar protagonismo o relevancia a puestos específicos, se dilapida el tiempo en barajar lo evidente, en dar sólo vueltas que son más poses que acción, y que a modo de trabalenguas colectivo, son "analistas que analizan los análisis que ya fueron analizados por otros analistas que a su vez analizaron los análisis previos".

Siguen otros que por espacio no es posible enumerar, pero uno de ellos tiene que ver con la ausencia de inclusión de puntos de vista de otros departamentos o áreas administrativas, cuando se trata de encontrar soluciones a problemas reiterados, pensando ingenuamente que la especialización, la visión de silo o el bulo risible que llamo "soberanía departamental" para resolver situaciones específicas, sea un enfoque confiable, terminando con uno de los comportamientos que con más frecuencia puedo ver en las empresas, que es la autocensura, la práctica de no cuestionar lo que podría no ser políticamente correcto para el ego o intereses creados de los superiores o algunas gerencias sensitivas.

56 ¡GRACIAS, *ANS*!

Este sábado asistí a la ceremonia de graduación de bachillerato de mi hija Denisse en la *American Nicaraguan School (ANS)* en el TNRD. Para mí, al igual que para muchos otros padres que se dieron cita allí, después de una larga jornada, sentimos que se había alcanzado ya una importante meta.

Más que una espléndida ceremonia y una noche para celebrar en nuestro máximo templo de la cultura, al ver a tantas personas reunidas para celebrar la maravilla de la superación, fue una oportunidad para reflexionar sobre la importancia fundamental de la educación de alta calidad y la competitividad para las empresas, más allá de cualquier talento e inspiración que ya se tenga o que alguien crea disponer en abundancia.

Para probar lo que afirmo, nuestro propio e imprescindible Rubén Darío, a pesar que poseía abundantemente de esos dos magníficos dones -talento e inspiración-, no vaciló en formarse rigurosamente por sí mismo, un gran autodidacta quien estudió incansablemente a los grandes, desarrollando por medio de la educación disciplinada, el perfeccionamiento continuo de su propio pensamiento, sus escritos, sus trabajos, convirtiendo esa dedicación en inspiración verdadera, que es la que proviene del esfuerzo extraordinario.

Recuerdo que el inmortal argentino Jorge Luis Borges, uno de mis escritores favoritos, afirmaba, acaso a modo de chanza o de velado desdén que, al él leer la poesía de nuestro Rubén, parecía que éste se había aprendido de memoria *"El Pequeño Larousse"*, como si eso de ser cierto, no fuese acaso un mérito increíble, de "ese esmirriado aduanero" quien trabajó en el puerto de Buenos Aires, habiendo llegado a convertirse -por su propia formación- en una de las figuras más grandes de la poesía universal de todos los tiempos.

Recordé que hace 13 años inició ese viaje cuando ese primer día de clases llevé de la mano a mi pequeña hija para iniciar ese recorrido. Lo evoco vívidamente como que si fue apenas ayer. Les confié a mi hija con mucha esperanza e ilusión y no me defraudaron. Cumplieron impecablemente y con creces la promesa que me hicieron.

Vi allí tantas cosas nobles y gestos hermosos, que seguramente aburriría con las descripciones, pero más que una graduación y una alegre fiesta por la noche, aquel fue un gran acto de amor colectivo; de los padres, de ANS, de todos esos jóvenes con grandes sueños por cumplir, por desarrollarse y adquirir esas competencias y habilidades que los habrán de transformar en esas personas valiosas e imprescindibles que tendrán el reto de continuar el desarrollo de nuestro país, de sacarlo adelante y engrandecerlo, porque solamente se lucha por lo que se ama, se invierte en lo que promete cosecha, se nutre lo que importa, se desarrolla lo que se estima, se trabaja por lo que verdaderamente vale; siendo entonces, que la jornada fue también un homenaje de fe y de esperanza en las potencialidades de nuestro país, al cual harán grande esos jóvenes que partirán a continuar sus estudios a prestigiosas universidades de EE.UU., Europa, Asia y Latinoamérica -y los que vayan a regresar eventualmente- para proseguir un ciclo más de trabajo duro, esperanza y dedicación.

Mi agradecimiento máximo a ANS por haber cumplido

cabalmente su Misión, por esa formación que atestiguo fue de excelencia académica sin igual, sino también en los aspectos que verdaderamente importan; en valores humanos, pero también por inquietarles formidablemente su curiosidad intelectual, por darles herramientas para descubrir el mundo, por haberle ampliado irremediablemente sus horizontes de pensamiento, por despertarles el ánimo de transformar positivamente su entorno, y revelarles sus propias potencialidades y responsabilidad para forjarse un futuro brillante. ¡Mil gracias!

57 INCIDENTES REPUTACIONALES

Las organizaciones con mentalidad tradicional fijan una atención única en el estado de resultados. Si las ganancias sobrepasan exageradamente las metas prestablecidas, implica entonces que una gerencia es competente, o incluso, extraordinaria. *¿Cierto?*

No obstante, ocurren aquellos incidentes, que, aunque inicialmente podrían no aparecer en el balance general, dañan gravemente la reputación corporativa, que, en algunos casos, para parodiar a Arjona, se quedan solamente con las primeras seis letras.

Lejos de establecer absurdas moralinas o de hacer señalamientos vanos, es preciso que este tipo de situaciones sea puesto en consideración para desarrollar mecanismos preventivos, ya que vivimos en un mundo de redes sociales, de videos en tiempo real, de todo lo que la *hiperconectividad* tiene como premisa básica: Si usted no quiere que hablen mal de su empresa, entonces no haga cosas incorrectas, porque de lo único que no se habla, es de lo que no se hace.

Si evaluamos algunos casos épicos, que para precisión didáctica y de buen gusto, han ocurrido fuera de nuestro país, es preciso preguntarnos: ¿Cuál es el costo verdadero que se podría contabilizar para el caso de Volkswagen y su fraude masivo sobre las emisiones de sus vehículos que pretendieron engañar las normas de calidad de aire de EE. UU.?

No solamente será el aspaviento de decir: *"!ah, esos 4.3 mil millones de dólares!"*, ni el procesamiento penal de cinco de sus ejecutivos de mayor calibre, sino, eso que temporalmente no aparecería aún en el estado de resultados, que es el daño a los clientes, a la marca, a ese activo intangible que frecuentemente vale muchas veces más que los activos físicos.

Igual podría afirmarse de *Wells Fargo* por sus prácticas fraudulentas y abusivas destinadas a generar ingresos en forma "inorgánica", mediante la creación de cuentas falsas de tarjetas de crédito para clientes quienes no las habían solicitado, pero que sí generaban ingresos al banco por cargos calificados inequívocamente como delincuenciales.

Pero no se trata solamente de la insignificante multa de $185 millones, ni la renuncia de su pomposo CEO, así como de centenares de ejecutivos de venta –quienes como chivos expiatorios menores- fueron despedidos como un acto de hipocresía corporativa, sino de su pésimo y vulgar criterio gerencial.

Lo mismo podríamos decir de *Arthur Andersen*, la consultora que ocultó deliberadamente y ayudó a destruir la evidencia incriminatoria del mega fiasco de *Enron*, la cual feneció un año después que esta se viniera a pique con todos sus ejecutivos principales en prisión, y en especial, su CEO, quien murió en la cárcel. ¿Cuánto le costó ese incidente reputacional? Tanto que hasta tuvieron que cambiarse de nombre, llamándose ahora, Accenture.

Es obvio que en una organización las fallas operacionales que llevan a incurrir en costos reputacionales elevados no son una minucia, sino que reflejan claramente los principios morales de los directivos, y, por ende, como en un efecto cascada, de todos y cada uno de los funcionarios en su estructura organizacional.

Pero no todas estas situaciones tienen que ver con

aspectos morales, frecuentemente se originan en la ingenuidad más crasa, otras, en la cultura del *"centaveo"*, la del máximo ahorro, la de recortar erogaciones supuestamente no esenciales, cuando se prescinde de una asesoría correcta, dejándolo todo al arbitrio de personas sin formación, legos o burócratas con falsa experiencia o medidos solamente con base en lealtades, más que en capacidades; y que por una soberbia de antología, son incapaces de establecer prácticas preventivas profesionales y procedimientos operacionales estandarizados, pero sobre todo, por el equívoco pensamiento de creerse torpemente, que se estará siempre sobre el Bien y el Mal, así como lo señalaba Nietzsche.

58 UN FALLO JUDICIAL VERGONZOSO

El reciente fallo que le condena a 15 años de prisión al ciudadano Jorge García, quien en legítima defensa propia y de su familia privó de la vida a un delincuente de varios que habían ingresado armados a su hogar, es un acto vil en contra de todos los ciudadanos y las familias de este país.

Este bochornoso caso contraviene no solamente las más elementales nociones del Derecho, y que atropella de forma surrealista la más mínima lógica, debe despertar una inquietud profunda en los administradores del Poder Judicial, en relación con las ya normales y cotidianamente torpes, ineptas, absurdas y equivocadas –para no decir más– de los fiscales y jueces del país, los cuales, al parecer, no han estudiado Derecho, sino más bien, Izquierdo.

Los detalles de tan inédita equivocación jurídica no son casuales, sino que obedecen a toda una corriente de pensamiento y acción que en nuestro país ha venido cobrando fuerza y expresión material: el hecho notorio de sesgar los fallos en favor de los victimarios en detrimento los derechos legítimos de las víctimas.

No puede haber una equivocación más grande el pensar que deba condenarse la reacción natural de un individuo, que, por un lógico e irreductible instinto de protección, actúa en consecuencia para proteger lo más valioso, que es su propia vida y la de sus familiares.

De concretarse este fallo y de no tomarse ninguna acción eximente de la responsabilidad del ejemplar ciudadano Jorge García, liberándolo inmediatamente de tan traumática situación, la terrible lectura que debemos tener quienes habitamos este país, serían las siguientes:

• Robar es un derecho tutelado activamente por las autoridades judiciales y con jurisprudencia específica.

• La mayoría de las personas en el país conforman ya un gremio delincuencial que va avanzando en pos de derechos personales superiores, en detrimento de los ciudadanos indefensos ante los delitos que aquellos cometen.

• La necesidad de cambiar las reglas de acción e intervención, no solamente de los cuerpos policiales, sino de toda la seguridad privada que es tan útil y necesaria en el país para brindar protección física a personas e instalaciones, convirtiéndolas así en meros sujetos de adorno, los cuales tendrán que resignarse a no tomar acción más que en los términos en que antojadiza y equívocamente, los ahora órganos defensores de los malhechores piensen que sea lo correcto, entorpeciendo y reduciendo su ámbito y efectividad de acción, comprometiendo así la misión empresarial de tantas organizaciones que requieren tener un marco de acción claro y definido, sin ambigüedades y consecuencias *retaliatorias* oficiosas desde los mismos poderes del Estado.

Ángel Latorre en su obra *Introducción al Derecho*, señala que "hay leyes que vienen impuestas en forma casi automática por los usos sociales y la mentalidad dominante en una sociedad, de forma tal que el Estado no hace más que dar forma jurídica y completar y perfilar el material que le viene dado por la sociedad misma", lo cual, de este caso, se deduce que si un fallo contraviene los usos sociales y la lógica del contexto —los cuales son el sustento lógico de la actuación del Estado expresado en la aplicación de leyes justas — ese adefesio jurídico se convierte en una inmoralidad, aunque revestida aparentemente de una bastarda legalidad, la cual solamente promoverá la proliferación y enraizamiento de los males sociales, que precisamente, la administración de justicia trata de reducir o eliminar mediante fallos apegados lógicamente a los hechos comprobados, es decir, que de una manera sorprendente y lamentable, este tipo de actuaciones por parte de las instituciones del Estado, promoverían activamente la apología del delito.

El autor es abogado y notario.

59 SECTOR TURISMO Y CAPACITACIÓN PERMANENTE

De acuerdo con el *Barómetro Mundial del Turismo*, Nicaragua está posicionada como el octavo de los primeros 10 países con más rápido crecimiento en la llegada de turistas en 2017, acreditando 1.5 millones de visitantes en el año anterior, un incremento de más del 28 %.

Dejando de lado las razones de esta externalidad positiva, Nicaragua está convirtiéndose en un destino popular para los visitantes externos. Sin embargo, hay que analizar qué medidas se pueden tomar por parte de la iniciativa privada para aprovechar más efectivamente este flujo, tanto de personas como de dinero.

La coyuntura de crecimiento turístico actual es un escenario que diversos países han experimentado ya, siendo valioso aprender de aquellas medidas que los entes privados encargados de proveer servicios a los turistas han desarrollado para competir más eficientemente.

Si uno ha realizado turismo interno utilizando los servicios locales, en el caso específico de excursiones y transporte -voy a dejar por fuera el tema de los alojamientos- pueden notarse oportunidades mayúsculas de mejorar y profesionalizar el sector, especialmente, en la capacitación y formación de competencias claves para los conductores de las empresas turísticas de diversas modalidades.

Lo que se aborda como tópicos en los pensum de administración turística son solamente para un personal que está formándose universitariamente, dejando por fuera a aquel gremio operativo que más bien empíricamente, logra desempeñarse como conductores, ayudantes, entre otros, pero que sí están en contacto frente a frente con los visitantes, siendo notorio que sus funciones y habilidades deben profesionalizarse por medio de conocimientos aplicados a su realidad.

Hoy es notorio que, en la interacción con los turistas, los conductores de estas empresas requieren desarrollar habilidades sólidas de Manejo Defensivo, ya que nuestro país -por diversas razones complejas- es un escenario en donde la primera causa de muerte violenta son los accidentes de tránsito, siendo digna de estudio la fenomenología de causa y efecto de las medidas que sin efectividad alguna se están implementando.

Otro campo en donde estos conductores y personal auxiliar debiera capacitarse de manera profesional, son los procedimientos de respuesta ante una emergencia de Primeros Auxilios, puesto que son situaciones que también se han normalizado como consecuencia de la vida moderna, alimentación inadecuada y carencia de hábitos saludables.

El concepto de servicio al cliente es significativamente un imprescindible en una formación para este segmento de conductores y auxiliares, puesto que son la cara de nuestro país, la que el turista juzgará con mayor énfasis comparativo.

Algunas organizaciones carecen no solamente de procesos de formación básica interna de estas competencias, sino que hacen hasta caso omiso de las quejas -expresas o veladas- que los turistas efectúan o debieran estimularse a que produzcan, como una necesaria retroalimentación.

Anecdóticamente, los taxistas de la ciudad de Londres deben obligatoriamente llevar un curso de tres años, con un examen de características netamente universitarias, para ser habilitados como tales. ¿Exageración o algo exótico? No. Simplemente un requerimiento formal para una labor tan importante.

Respuesta ante diversas emergencias, educación ambiental e inglés turístico básico competente, son áreas en donde debe también formarse competentemente a este personal. Hoy no hace falta asistir durante largas, tediosas e inefectivas sesiones para adquirir estas competencias, puesto que las formaciones contemporáneas puntuales sobre estas actúan como verdaderos *micro-másters*, brindando eficazmente los elementos de aprendizaje, habilidades y capacidades para desempeñar correctamente estas importantes funciones de cara al turista, tanto externo como interno.

Contrario a lo convencional, la formación de competencias para quienes interactúan con este sector no debe ser algo opcional, sino que requiere capacitación consciente, adecuada y permanente.

60 DE LAS SECTAS DEL COACHING

¿Se acuerda usted del fenómeno de los esquemas piramidales, adonde fueron a parar los ahorros de muchos incautos que creyeron hacerse ricos de la noche al día?

De los creadores de esas mismas estafas colectivas, viene ahora su más reciente producción: el coaching coercitivo, o más explícitamente, las sectas del coaching.

México es uno de los lugares en donde hoy se está denunciando vigorosamente estos esquemas fraudulentos, con los que refinados ingenieros del fraude, ahora hábilmente disfrazados con un supuesto ropaje de profesionalismo o de representaciones internacionales - pero que en realidad son verdaderas operaciones piramidales- ofrecen mediante estos novedosos cantos de sirena, el atractivo milagro de eliminar las supuestas creencias limitantes y producir cambios portentosos de actitud en los participantes.

Los casos que se han investigado en México han sido invariablemente calificados de estafa, al abusar económicamente de sus adeptos, incluyendo maltratos físicos y psicológicos en forma velada o abierta. Son organizaciones que inician operando bajo legítimos formatos de capacitaciones profesionales, pero que gradual y programadamente inducen a los participantes a ejecutar prácticas cuestionables y amañadas.

La búsqueda compulsiva de un supuesto éxito o realización personal a escala espectacular es siempre un atractivo anzuelo que tienta a legiones de ingenuos, quienes creen que el éxito es obligatorio y que está basado en una simple fórmula, como piedra filosofal, la que cualquiera podrá alcanzarlo, tal cual y fuese aprender un juego de cartas.

El perfil del iluso es cuando alguien acude a estas sectas de superación personal, en donde recalan con reales o imaginados males psicológicos, o con vicios verdaderamente abrumadores, o bien, con la necesidad perentoria de obtener un empleo inmediato, o a lo mejor para recuperarse en forma acelerada de una pérdida sentimental o con cualesquiera meta real o imaginaria que hayan decidido trazarse.

Algunas de las denominaciones utilizadas por estos verdaderos virtuosos de la estafa y de la farsa industrial, son: *Coaching Inside, Sanando tu vida, Samurai game, Mexworks, Stratega, Creo coaching,* en donde bajo una creciente invasión de la vida personal -como espacios sujetos de intervención para poner en práctica los supuestos conocimientos- van arrastrando y consumiendo a la familia y círculos inmediatos, ejercitando una sarta de disparatados ejercicios que mediante un diálogo al estilo *New Age,* o bien, con otros recursos pseudo-psicológicos pero con aviesa intención de control mental, aumentan el vínculo de maestro a sujeto sin volición.

La invasión de la privacidad, la dominación disfrazada de terapia, el maltrato y domesticación de la voluntad, pero principalmente, la rapiña sobre los recursos económicos del participante, son dinámicas propias de ese mercado de ilusiones, en donde el perfil de la empresa de "coaching" es netamente familiar, o entre socios con el mismo interés de lucro y con la repartición de zonas geográficas, tal cual lo hacen las organizaciones criminales.

Una de las mamparas favoritas que utilizan estas

corporaciones de pacotilla es argumentar que todos los fondos que recolectan están destinados para fines filantrópicos, la cual es solamente otra picardía para cohonestar el flujo continuo de fondos, echando mano de la imposición de cuotas mínimas de adeptos que cada miembro debe captar en un período específico, tal cual y fuese una meta comercial.

Hay que estar sumamente preparados ante este fenómeno, que por simple dispersión y penetración geográfica puede llegar a operar en nuestro país, ya que las promesas que venden estos mercenarios de la palabra -pero más amantes de las billeteras descuidadas- utilizan las redes sociales para prospectar y reclutar a sus víctimas, para luego echar raíces nativas, disfrazados de algún pretendidamente respetable ropaje de formación ejecutiva.

61 ¿RESPONSABILIDAD SOCIAL EMPRESARIAL?

Cada inicio de año implica revisar nuestro GPS empresarial: dónde estamos, hacia dónde vamos y las condiciones de la ruta para realizar ese recorrido de metas, objetivos y prioridades de negocio.

Acontece siempre que aquellos que no están dentro de una organización pueden –en beneficio de la perspectiva diferente–, aportar panoramas, ángulos y aristas que no son percibidas claramente desde dentro, por diferentes paradigmas y constructos psicológicos personales y colectivos.

No obstante que estamos inmersos en un contexto de crisis, es preciso que mantengamos el enfoque sobre la ruta a la que nuestras organizaciones se dirigen en su actuación como agentes de cambio positivo.

Esto implica hacerse preguntas fundamentales, y ciertamente, algunas molestas sobre el desempeño organizacional:

¿Cuánto verdaderamente estamos invirtiendo en las personas, en el desarrollo de talentos, en preparar a quienes laboran con nosotros para que puedan tener suficientes habilidades y competencias del siglo XXI?

Esta es una pregunta imperativa, puesto que la mayoría

de las organizaciones en nuestro ambiente de negocios, se manejan con personas con habilidades que pueden ser notoriamente potenciadas, desarrolladas y expandidas, pero típicamente se carece de un diagnóstico mínimo de cuáles son esas necesidades.

Según un estudio reciente conducido por la red social LinkedIn, las habilidades transversales que otorgan mayor probabilidad de conseguir un empleo valioso y una actuación laboral destacada son: Comunicación, Organización, Trabajo en equipo, Puntualidad, Pensamiento crítico, Creatividad, Adaptabilidad.

¿Cuánto entrenamiento efectivo en el puesto le estamos brindando al personal? Esta es una de las áreas deficitarias en que, en general, las organizaciones pecan por ejecutar estrategias de recorte compulsivo de supuestos "gastos" que son más bien rubros de inversión estratégica.

¿Cuánto impactamos nuestro ambiente con las operaciones de nuestro negocio? Esto no implica ningún cálculo complejo ni la conducción de un análisis de un sesudo experto, sino en establecer pocas y claras reglas de actuación de responsabilidad ambiental: a) clasificación de residuos; b) prácticas de reciclaje; c) reducción y/o sustitución de insumos que puedan tener una huella ambiental más gravosa; c) adoptar protocolos internacionales ampliamente disponibles como guías para disminuir impactos críticos que degradan la calidad ambiental.

Un aspecto principal es cuestionarnos sobre cuál es la verdadera naturaleza de nuestra responsabilidad social empresarial o corporativa.

Este es un tópico que en economías desarrolladas ha mudado de paradigma, ante una innegable manipulación propagandística y deterioro de sus postulados y efectividad tradicionales.

Hoy el índice *JUST Capital (Inversión de Capital Justo o Equitativo)* es una medición de varios indicadores de negocios que señalan qué tan orientada o enfocada está la inversión de los recursos empresariales hacia los grupos de valor significativos; no solamente en los indicadores tradicionales como pago igual por género, horarios flexibles, inclusión de minorías y diversidad, posiciones femeninas de liderazgo, sino también de varios claves como la transparencia, el cumplimiento de códigos éticos, la salvaguarda de la privacidad de la información de su personal, la interacción positiva con la comunidad, entre otras.

Es importante establecer que para algunas organizaciones la responsabilidad social empresarial a veces se confunde con la filantropía, con la misericordia, con la caridad como virtud teologal, encarnando la convicción muy subjetiva "de hacer el bien porque es bueno hacerlo".

Este modelo, además de moralmente complejo y hasta cierto punto engañoso, ha sesgado a algunas compañías a dispersar o pulverizar recursos valiosos. Estos fondos pudieran tener un mayor impacto social en empoderar a las personas desde dentro para encontrar soluciones innovadoras a problemas urgentes de alto impacto comunitario.

Quienes tengan interés en revisar y calibrar la naturaleza de la responsabilidad social puedan analizar los planteamientos del profesor Michael Porter en el video *Why business can be good at solving social problems*.

Él es uno de los más distinguidos catedráticos de Harvard, globalmente famoso por sus publicaciones, así como por su libro seminal Estrategia Competitiva, con el *Modelo de las Cinco Fuerzas*, siendo un activo promotor de cómo las empresas lucrativas pueden actuar exitosamente como agentes de cambio social.

Propone que los problemas de alto impacto son solucionables por las empresas más que por cualquier otra entidad pública. Llama a dejar de lado aquellas posturas inefectivas de responsabilidad social tradicional, más propias de un club filantrópico o de organizaciones religiosas o de beneficencia.

62 DE LA RESILIENCIA ORGANIZACIONAL

Esta palabra está muy de moda para definir la habilidad humana -tanto individual como en el contexto organizacional-, de adaptarse y remontarse exitosamente sobre las coyunturas difíciles, entendidas estas como los períodos inevitables de crisis en cualquier existencia y ambiente.

Las coyunturas difíciles del entramado socioeconómico-político provocan incertidumbre y desesperanza, aunadas a una marcada ansiedad al encontrarnos confrontados con situaciones límite, ya sea la pérdida de un empleo, el cierre o quiebra técnica de una empresa, o bien, la ausencia de compradores ante la caída en el poder adquisitivo y las expectativas, entre otros factores adversos.

Se dice que un atributo de las mejores compañías -y de su personal- es el sobrevivir estas coyunturas desfavorables, pero mucho más allá, remontar la situación y salir avante a futuro con una empresa reconstituida, mejor enfocada o con un rumbo estratégico más acertado, o con un posicionamiento favorable para mientras la sucesión de acontecimientos cambia para mejor.

¿Será posible desarrollar la resiliencia o es solamente una cucharada de baratijas psicológicas?

Frecuentemente hablar de resiliencia, de organizaciones ágiles, de reenfoque estratégico, y de otras acciones recomendadas, puede ser un ejercicio tristemente inútil, debido a la realidad y la dureza de las adversidades que impactan gravemente a los negocios y las personas. Este es un hecho puro y duro.

Frecuentemente también es difícil conocer la receta exacta de cómo construir resiliencia, puesto que más bien nos predisponemos seguir haciendo más de lo mismo, esperando que las cosas cambien sin que nosotros actuemos diferentemente.

Las historias de resiliencia organizacional a veces pueden ser narrativas pseudo-heroicas, escritas en la calma y el solaz de la crisis que ya pasó, en donde se tiende a destacar que se hizo "audazmente lo correcto". Lamentablemente, son muy pocas las crónicas sobre verdadera resiliencia que narren en tiempo real las acciones apropiadas para manejarse hábilmente dentro de un contexto retador.

Que algunos piensen que pueda ser un ejercicio banal hablar de formar resiliencia, se equipara con el fenómeno no menos absurdo e ingenuo de quedarse lamentándose sin hacer nada, y que esta postura estática y cómoda vaya a resolver de la noche a la mañana los problemas, y que mágicamente, "la mano invisible del mercado" según Adam Smith, -o las oraciones y plegarias, según otros- vayan a enrumbar la bienandanza de los negocios e ingresos personales.

Es por eso por lo que se deben incorporar esquemas mínimos de acción que puedan servir para estar preparados, como empresa o como individuos:

• Plantee escenarios: no se puede adivinar el futuro, pero sí estar preparado para lo más probable. Las empresas de excelencia y las personas proactivas elaboran escenarios sencillos: el mejor escenario, el peor, y el más probable.

Cada uno es evaluado en el impacto que puede causar a la organización, preparando correlativamente un plan de acción, ya sea si nuestro objetivo es mantenerse operando bajo circunstancias adversas pero manejables; bajo límites operacionales críticos máximos, o bien, en una dinámica única de supervivencia a toda costa.

• Incremente la comunicación con sus clientes: un viejo adagio dice que "un banquero es alguien quien te facilita un paraguas cuando hace sol, pero que cuando empieza a llover, te lo quita". Aprecio y respeto el negocio bancario, pero no caigamos en esa percepción. En las coyunturas adversas es cuando más se debe profundizar la relación con los clientes, para entender sus expectativas y desarrollar opciones para seguirles sirviendo. Mantenga el contacto ojo-a-ojo para que ellos puedan saber que somos una opción con valores de servicio, y no una organización o entidad que valora a sus compradores únicamente en el sentido transaccional. Un análisis de Pareto puede indicarle rápidamente cuáles son sus clientes más importantes, para que pueda reunirse con ellos y explorar alternativas creativas y mutuamente beneficiosas.

• Estudie cómo reducir la grasa organizacional descartando lo superfluo, duplicado o innecesario. Cuando los tiempos adversos llegan, una bendición odiosa que traen consigo es que uno por fin puede ver lo que estaba en exceso, suntuario o inútil. Me refiero a erogaciones y gastos que no tienen valor agregado para la empresa o el individuo. Las crisis también presentan oportunidades de optimizar y hacer más ágil y liviana su organización.

Preocúpese menos, ocúpese más.

63 SU OFICIO DESAPARECERÁ PRONTO

Hará unos tres años observé una caricatura en *The New Yorker*, una de mis revistas favoritas, en donde un cabizbajo ejecutivo regresaba a su hogar, y con una apariencia desaliñada, le dice a su esposa entre sollozos: "Me despidieron porque me reemplazó una *aplicación*".

En algún momento esto pudo lucir exagerado, no obstante, es hoy una cruda realidad, la que Andrés Oppenheimer, en su nueva obra *"¡Sálvese quien pueda! El futuro del trabajo en la era de la automatización"* —salvajemente excelente, como siempre— nos muestra que esa caricatura puede ser la que enfrentemos cualquiera de nosotros en un futuro cercano.

El impacto será abrumador. Y es que la tecnología, con el correr del tiempo, hará obsoletos muchos oficios y ocupaciones comunes de hoy día. El eje central del libro está basado en una miríada de respetables estudios académicos, y en las estimaciones de influyentes ejecutivos, inventores, gurúes, innovadores, mega-empresarios, genios de la informática, catedráticos universitarios, entre otros destacados visionarios, que han visto ya cumplirse sus vaticinios que en otro tiempo parecieron desaforadas utopías, prediciendo ahora que un 47 % de los empleos se extinguirá en los próximos tres o cuatro lustros, por la acelerada evolución cognitiva de los robots y otras aplicaciones de inteligencia artificial que – irremisiblemente– superarán por varios órdenes de magnitud las limitadas capacidades humanas.

McKinsey, una consultora global también citada, estima que las nuevas tecnologías podrían dejar sin ocupación a unos 140 millones de oficinistas y profesionales para el año 2025.

Oppenheimer presenta un ranking de empleos que tienen un 99 % de probabilidad de desaparecer en breve: los *telemarketers* o vendedores que ofrecen productos por teléfono (ojalá que el hostigoso vendedor de un banco local deje de llamarme con sus estériles ofrecimientos), los vendedores de seguros, los auditores financieros, bibliotecarios y agentes aduaneros.

Otro segmento con 98 % de posibilidades de ser reemplazados en 15 o 20 años, son los empleados administrativos básicos, el personal de los bancos enfocados en análisis de solicitudes de créditos, entre otros que se encargan de formalizar estas gestiones, cuyas tareas pueden ser ejecutadas con mucho mayor eficiencia y profundidad por aplicaciones de inteligencia artificial.

Otra fracción para la cual se estima un 97 % de posibilidad de extinción es el de las operadoras telefónicas –lo cual ya ha venido ocurriendo– así como los dependientes de tienda, quienes en otros países están siendo ya reemplazados por dispositivos y robots con apariencia humana capaces de interactuar inteligentemente con los clientes.

Los vendedores de bienes raíces al igual que los agentes de viajes, tienen también idéntica y altísima probabilidad de desaparecer, al igual que el personal de caja, al estar ya en forma ubicua los dispositivos inteligentes de lectura de precios, entre otros.

Oppenheimer señala que este ordenamiento de probabilidades fue producido por nada más y nada menos que la Universidad de Oxford, afirmando que el personal de recepción de restaurantes, así como los camareros de hotel, han iniciado ya su rápida marcha hacia la insignificancia laboral, con ejemplos numerosos donde usted como cliente puede seleccionar y ejecutar los procesos correlativos, sin que sea necesaria la interacción humana.

¿No lo cree? Recuerde ese conocido restaurante de comida rápida en donde usted en una pantalla a la entrada le exhibe y le invita a que seleccione lo que quiere consumir, sin necesidad siquiera de haber visto a un ser humano, siendo, además, mucho más rápida la transacción electrónica que la asistida por un dependiente.

Otras ocupaciones que desaparecerán será la de los chefs…sí, aunque usted no lo crea, puesto que la mayoría de portentos de la cocina, no son más que meros algoritmos operativos investidos de una pretendida complejidad, arte y soberbia –y a como dicen en España– de chulería pura, es decir, jactancia, fanfarronería y vanagloria, pero que el producto final es algo fácilmente lograble a través de un binario lenguaje máquina, simples líneas de programación y autoaprendizaje con una celeridad inimaginable, que es la capacidad más distintiva de la inteligencia artificial.

Finalmente, los taxistas, mensajeros, camioneros y choferes, guías turísticos, técnicos dentales, regentes farmacéuticos, carniceros, asistentes de abogados y los contadores –para bien o para mal– tienen sus días contados. Entonces, estudiemos y aprendamos más.

64 MUERTE POR POWERPOINT

Empieza la sesión, el presentador a cargo expresa dos o tres frases de apertura, pero luego recurre a la pantalla a la cual señala con un puntero, empezando a leer —así de simple— repitiendo textual y exactamente el contenido. Luego continúa leyendo, cualquier vergüenza inicial ha desaparecido, repitiendo lo mismo que está expresado por escrito.

Las diapositivas lucen atiborradas de texto, con pocas imágenes, llenas totalmente de material que no despierta ningún atractivo para los sentidos. Aquella "presentación" —o más rimbombantemente como le llaman algunos, "disertación"— va tornándose poco a poco en una tediosa y asfixiante sesión de lectura para párvulos.

La audiencia a su vez, al empezar la presentación, tenía cierto respeto por el protocolo empresarial; estaba genuinamente poniendo atención, pero al ver que el presentador ha traicionado el "contrato sicológico" de los requerimientos mínimos de calidad, va entonces perdiendo interés; algunos empiezan a parpadear pesadamente, otros sienten que una fuerza abrumadora los atrapa y los va asfixiando hasta hacerles perder el sentido.

Otros más hábiles en la refinada habilidad de dormir con los ojos abiertos, ya desde hace rato habían agarrado la seña de la gran oportunidad para descansar, previamente poniendo cara de mucho interés, como si tal genuinamente el tema les interesara, para luego caer plácidamente en un sueño vaporoso, ininterrumpido, manteniendo únicamente el cuidado de no roncar muy ruidosamente, para que no se pierda el hipócrita protocolo de simular que se está poniendo atención a una presentación mediocre —y hasta cierto punto, abusiva— por la obligación profesional o social de soportarla.

Luego de unos minutos la audiencia en general se volvió inactiva, inerte, hasta caer en lo que los expertos denominan un legítimo fallecimiento, no solamente del interés, sino de acción alguna: la atroz *"Muerte por PowerPoint"*.

Con certeza que usted lo ha visto en las presentaciones en que le ha tocado participar, ya sea en su empresa, en la universidad, capacitaciones, seminarios, etc., en donde a veces acontece este fenómeno en forma muy distinguible. Lo más lamentable es cuando su propio jefe es quien presenta bajo este método ineficaz, ya que no tendrá más remedio que mantenerse despierto y de simular cara de mucho embeleso.

El problema no es trivial, puesto que en el caso de las empresas —que es el área de enfoque de esta columna— las presentaciones inefectivas, y en especial aquellas que causan este fenómeno— tienen un alto costo económico que puede ser calculado por los perjuicios en las comunicaciones eficaces, relaciones inadecuadas, menos ventas, menos dinero, menos capacitación al personal, debido a los anticuerpos que desarrolla en toda audiencia un presentador inefectivo o incompetente.

El problema con las presentaciones que producen este síndrome radica en la falta o carencia de cuatro factores centrales: *Significado, Estructura, Simplicidad y Ensayo (SISE).*

Todo presentador debe desarrollar una lista de verificación específica escrita para cada sesión: audiencia, propósito o razón, expectativas, características personales de los miembros, conocimiento de la temática —entre otros puntos diversos— para estructurar competentemente cada uno de estos conceptos, los cuales a su vez se disgregan en factores a verificar para asegurarse que sean congruentes y apropiados con las necesidades del contexto.

Someter a una audiencia como oyente pasivo en la época de los celulares y las redes sociales, es un riesgo muy alto de fracaso como presentador, a menos que usted tenga alguna fórmula mágica para evitarlo; es por eso por lo que usted debe que buscar formación profesional competente —no tiene otro recurso— debiendo aprender a desarrollar cada presentación como un guion de cine, en donde usted debe concentrarse en mantener el interés del público.

Hoy en las universidades más competitivas del mundo existen pautas muy rigurosas de calidad cuando usted desarrolla presentaciones, como mínimo la claridad, la concisión y el texto limitado que debe tener cada diapositiva.

No debe abusarse de una audiencia haciéndole pagar por las propias carencias personales como un presentador mediocre; debe trabajar en detalle cuál es el resultado que se quiere obtener; y diseñar entonces cuáles serían las formas más efectivas de lograrlo con una presentación, para que usted no torture —y aniquile finalmente a su audiencia— con la terrible *Muerte por PowerPoint*.

65 ES TIEMPO AÚN

De acuerdo con un libro reciente de Rich Karlgaard, *Late Bloomers (Personas Exitosas Tardías)* —traduzco libremente—, y quien a la vez es editor de la revista Forbes, señala que los éxitos más resonantes en emprendedurismo acontecen, en promedio, a la edad de 45 años; siendo también el rango entre 40 a 64 donde el individuo común acumula el más alto nivel de creatividad y experiencia.

Claro, usted ya pensó —basado en los viciosos paradigmas que nos limitan—, que a esta edad desde hace rato ya se es "un viejo", lo cual es preocupantemente, un indicativo más de que este etiquetamiento —comprobadamente falso— nos tiene condenados como víctimas de una "parálisis paradigmática", es decir, que fabricamos nuestra propia profecía y nos aseguramos se cumpla automáticamente.

"Si por la mañana sabes con cierta precisión cómo será tu día entero, es que estás un poco muerto: cuanta más precisión, más muerto estás", escribe uno de mis autores favoritos, Nassim Nicholas Taleb, en su *bestseller* —uno de tantos— *El Lecho de Procusto*, el cual trata de comprobar que los planteamientos mentales provenientes de un supuesto conocimiento convencional sobre lo que nos han dicho: "esta es la verdad sobre...", o bien, "todos estamos claros que esto no funciona cuando…", son falsedades absolutas, más que todo proyecciones negativas que dejamos que nos capturen, convirtiéndonos en actores de reparto de una obra teatral bufa, que no guarda relación alguna con la realidad.

"No hay un estado intermedio entre el hielo y el agua, pero hay uno entre la vida y la muerte: un empleo", afirma Taleb, quien encarna en sí mismo lo que él predica, ya que experimentó en carne propia de cómo esta especie de "recuerdos del futuro" lo limitaba y lo forzaba de una manera poderosa, a considerar como ingenuamente "bueno" lo que por costumbre, por inercia, o por inopia, se estima que es lo "normal" o lo que "siempre ocurre" para resignarse, al considerar que lo normal en un individuo es estar empleado al menos de 8 a 5, lo cual es una postura invalidante y limitadora.

Se sabe que actualmente numerosas personas están perdiendo su empleo como producto de una depresión económica tenaz, la cual, al parecer, tiende a profundizarse. El problema es que la mayoría creemos que "se nos debe la obligación" de que nos den o se nos aparezca un empleo, cuando en realidad ese es otro *glitch* o error de programación de un software mental anacrónico que nos empeñamos en correr permanentemente, y al que supeditamos ciegamente nuestras acciones.

Este marco de referencia nos impulsa inmediatamente a negar o descalificar por supuestamente inviable cualquier invitación que suponga un reto, o que reenfoque críticamente la filosofía tradicional acerca de la responsabilidad individual. Tenemos heredados demasiados demonios interiores que nos hacen perder impulso o fuelle ante la necesidad de un mayor protagonismo obligatorio y proactivo, que es ineludible para realizar el proyecto de persona que potencialmente podemos ser.

Conozco innumerables casos —y eso me lleva a escribir sobre este punto— en donde personas que habían creído que su única forma de supervivencia en la vida era un empleo, pero que rompieron con ese paradigma vicioso y sedante, y que no se dispersaron en refutar, contradecir —o vilipendiar— a quien les recuerda que esa responsabilidad es la de una persona cabal: terminar de parirse a sí mismo, no importando las circunstancias. Taleb lo enfoca genialmente: "La gente está mucho menos interesada en lo que tratas de mostrarle que en lo que tratas de esconder".

Conozco personas con una diversidad de habilidades, quienes se consumen y añejan irremediablemente en un empleo que solamente los llevará a un retiro incierto, el cual peligra cada vez más en su supuesta promesa de estabilidad y tranquilidad.

La actitud inercial jamás librará al individuo de infortunios —mucho menos de verdaderas tragedias— pero aquietarse sí le destruirá su propio valor de mercado con el cual pueda acaso reinventarse, tomando decisiones radicales sacándolo de ese estado vegetativo en donde yace —o tal vez, hasta pace—, en forma engañosamente tranquila, devaluando sus talentos y particulares habilidades personales, en vez de capitalizarlas, monetizarlas buscando cumplir valientemente ese proyecto de persona que podemos llegar a ser.

66 PESCA CON EXPLOSIVOS:
¡CRIMINALES TODOS!

Mechapa, Chinandega, costa noroccidental pacífica. Ha caído la noche y la soledad ascética de este litoral empieza a estremecerse con explosiones lejanas, que van incrementándose en frecuencia y estruendo. Uno supone que aquello es algo surrealista por lo increíble de la sucesión de detonaciones con los que son bombardeadas indiscriminadamente a mar abierto las especies marinas, por parte de quienes se autodenominan, eufemísticamente, "pescadores artesanales", cuando su actividad ilícita es exactamente la de "criminales depredadores".

Alguien escrupuloso o detallista, si llevara un registro del número de explosiones -desde la primera escuchada, hasta la última-, ya en las cercanías del amanecer acumularía al menos 130, cuyo resultado dantesco no es solamente un número exiguo de peces atrapados -menguando su número drásticamente- sino el horror de ver los millones -literalmente- de otras diversas especies tales como sardinas, crustáceos, así como otros pequeños y grandes peces, incluyendo variedades exóticas, que una proporción promedio de 2000 veces el número de capturados, se va al fondo del mar, como desecho muerto que exhibe y acusa la deleznable catadura moral de aquellos que dicen ser "pescadores", y también la de todos sus cómplices y facilitadores.

Son verdaderos criminales que bajo una falsa imagen de ser "pobres", a quienes supuestamente no les queda más remedio que dedicarse a esta actividad depredadora, que no solamente ha mermado sistemáticamente los bancos de peces existentes a lo largo de los años, sino que el problema -como toda situación compleja- está representado por diversos actores, principalmente, las empresas acopiadoras de mariscos, cuyos camiones con enormes termos plásticos vienen diariamente desde la capital a recoger el producto de una industria hartamente criminal, que no solamente ha destruido y sigue destruyendo patrimonios nacionales, sino que impacta negativamente la verdadera pesca artesanal, la pesca deportiva de alto ingreso, así como el turismo de *snorkeling*, de observación de fauna, entre otros rubros colaterales.

Obviamente, el egoísmo, la avaricia, la soberbia, el móvil criminal - y no miento porque esta conducta está tipificada en nuestro código penal-, supera siempre cualquier límite imaginable.

La cadena de comercialización de explosivos, de los que se rumora que todos los caminos conducen a las fábricas disfrazadas de humildes hogares en León, que desde tiempos inmemoriales aprovisionan a estos criminales depredadores, no se ha visto impedida ante la coyuntura interna, puesto que siguen -al parecer- fabricando y comercializando estos dispositivos de destrucción masiva del patrimonio común.

¿Cuáles son los límites verdaderos de nuestra pasividad ante la destrucción de estos activos nacionales? ¿Qué dirán los propietarios de las empresas acopiadoras -compañías que mueven millones en esta industria- que destruye diariamente la herencia de los habitantes de esta generación? Enfatizo que es de esta generación, no de ninguna otra.

Existe ya una merma alarmante en los índices de

captura, en la escasez de ciertas especies endémicas, que casi ya no se ven, puesto que el ímpetu criminal ha sido tan agresivo que solamente ha producido escasez y extinción irremediable.

Según los mismos protagonistas, los medios de control establecidos por quienes patrullan las aguas con el supuesto fin de vigilancia y cumplimiento de normativas de pesca varían desde inefectivos, risibles, hasta el completo brillo por su ausencia, vencidos ante el mecanismo de corrupción de estos criminales.

Cuando no hay patrulla en el mar, la primera oleada de lanchas con criminales sale disfrazada de "pescadores artesanales", portando redes, anzuelos, entre otros avíos; en caso de que sean inspeccionados, pasan como "cumplidores"; no obstante, un par de horas después sale la segunda oleada de embarcaciones -cómplices- que llevan los explosivos, cuando ya la patrulla se ha retirado.

En caso de ser atrapados in fraganti, estos criminales arrojan al mar los explosivos, lo cual, al parecer, es la máxima pérdida a la cual ellos se exponen, porque a pesar de que el artículo 378 de nuestro código penal sanciona que: "Pesca con explosivo u otra forma destructiva de pesca:

El que pesque con elementos explosivos, venenos o realice actividades pesqueras con métodos que permitan la destrucción indiscriminada de especies, así como el uso de trasmallos en bocanas o arrecifes naturales será sancionado de dos a cuatro años de prisión"; no hay aún un sólo procesado por estos crímenes tan aberrantes.

67 COVID 19: NO AL MIEDO, SÍ A LA RACIONALIDAD

Con la recién declarada pandemia mundial sobre el llamado COVID 19 es importante reflexionar -al menos para mí-, sobre los límites de la preocupación; establecer cuán cierta es su letalidad, pero principalmente, cómo debemos actuar racionalmente, sin llegar a caer en manos del pánico.

No deja de ser un hecho complejo el ver nuestra propia reacción ante el miedo, dejándonos llevar por rumores y no por una investigación detallada y desapasionada sobre las implicaciones de este nuevo virus, al que como en todas las épocas, el género humano la vencerá, y el virus se degradará, al igual que los miembros anteriores de la familia Coronavirus, que se volvieron estacionales, controlados por vacunas o con su letalidad reducida al nivel de las gripes comunes.

Presento algunos puntos habiendo realizado una indagación en los sitios más calificados en donde se está generando información de punta sobre el caso; a mi juicio, la *Organización Mundial de la Salud (who.int)* y el *Center for Diseases Control and Prevention* (cdc.gov).

1. ¿Cuáles son los síntomas de esta enfermedad? Tos seca, dificultad para respirar, temperatura mayor a 38

grados, dolor en la garganta y en el pecho, entre otros como vómitos.

2.   ¿Cuál es la mortalidad verdadera del virus? Varía, pero en términos generales, es de 1.4 %, es decir, casi 1 y media personas por cada 100 contagiados; lo cual es, sin embargo, 10 veces más letal que el de las gripes comunes. Importante sí tomar en cuenta que este porcentaje de mortalidad es una referencia de países desarrollados donde la atención médica es competente y articulada; es decir, esta tasa variará según país, siendo las fatalidades directamente proporcionales a la robustez de cada sistema hospitalario.

3.   ¿Cuáles son los mayores grupos de riesgo? Cualquier adulto de 60 años o más que contraiga este virus está en un nivel de riesgo considerado alto. Las personas con precondiciones de salud tales como diabetes, padecimientos hepáticos, renales, hipertensión, pulmonares, están definitivamente en una posición de mucho mayor riesgo fatal, siendo la fase final típica una neumonía aguda.

4.   ¿Cuál es la principal fuente de contagio? El contacto que se origina con las micropartículas de fluidos humanos.   Hablar, toser, estornudar generan estas micropartículas que son absorbidas por otras personas por las mucosas nasales, las de la boca y las de los ojos. Estos fluidos están activos durante la interacción social, que es cuando damos la mano a una persona contagiada o tocamos superficies que hayan estado en contacto con un afectado, y que después nos tocamos alguna parte expuesta de nuestras mucosas antes mencionadas.

5.   ¿Cuánto es el tiempo de incubación de la enfermedad? Los síntomas se presentan entre 5 a 14 días de haber estado en contacto con la fuente de contagio.

6.   ¿Tiene cura el COVID 19? Ninguna. Cualquier antibiótico es ineficaz. No obstante, -como todo virus- la afectación tiene su punto máximo, que una vez transcurridas dos semanas, el cuerpo no vencido asimilará

el virus, sobrevivirá y se volverá inmune.

7.   ¿Cómo prevenir el contagio? En Estados Unidos en vez de usar mascarilla en forma masiva como en China, se ha enfatizado en guardar una distancia social de protección de al menos seis pies (dos metros) -que puede ser todo un reto-, para evitar ser alcanzado por las micropartículas. Hay que evitar necesariamente cualquier saludo de manos u otras expresiones culturales nuestras que impliquen aproximación y contacto físico.

8.   ¿Existe una vacuna para el COVID 19? Ninguna. Hace dos días se probó la primera vacuna experimental, la cual, en caso de éxito y siendo muy optimista, no estaría disponible antes de 12 meses.

9.   ¿Qué otra forma de protección existe? Lavarse las manos varias veces al día por al menos un minuto con agua y jabón cualquiera, para desplazar el virus de las manos, siempre evitando tocarse ojos, nariz y boca.

10. Los procedimientos efectuados en las empresas por el personal de limpieza, usando debidamente su equipo de protección personal, deben ser replanteados y focalizados en las partes de mayor exposición.

Cada uno de nosotros somos nuestra propia vacuna. Hay que pensar racionalmente y no ser presa del pánico. Infórmese correctamente y actúe con racionalidad.

68 ESTO TAMBIÉN PASARÁ...

Nuestra historia en este planeta es singular. Cuando nace es la criatura más desamparada que puede haber; no podría sobrevivir por sí misma, y así de indefensa, moriría en muy corto tiempo. Otras especies pueden ponerse en pie apenas salen del vientre materno estando ya listas para seguir a la manada.

El ser humano, hará unos dos millones de años -en los albores de la especie prehistórica-, no tenía ventajas significativas ni era relativamente más importante que el resto de las especies, es decir, no éramos para nada la especie dominante, pero, aun así, sobrevivimos.

Pese a la indefensión del ser humano, su valor más grande está -como dice Yuval Harari, destacado pensador hebreo contemporáneo- en su capacidad de colaborar, de actuar conjuntamente. La revolución cognitiva -una de las tres que postula ese historiador-, la cual ocurrió hace 70 mil años, le ha permitido al homo sapiens integrar ideas y efectuar ese maravilloso proceso de articulación de voluntades y acciones, sorteando exitosamente todas las vicisitudes naturales de habitar este planeta.

Hoy que el mundo es testigo de un fenómeno cíclico -pero jamás inédito-, una enfermedad viral para la cual temporalmente no existe aún cura ni vacuna, es cuando se comprueba que verdaderamente hemos estado viviendo en una viciosa zona de comodidad, la cual nos ha bajado la guardia ante los peligros de las enfermedades nuevas, o bien, que están siendo originadas por el salto de virus entre especies, o bien, por oscuros experimentos sin control, si es que cabe aquí alguna fantasiosa teoría de conspiración.

Existe una preocupación que varía en su tonalidad según la geografía afectada. Hasta hace poco, Boris Johnson, primer ministro inglés, tuvo que devolverse sobre sus pasos ante su efímera promesa de no efectuar una cuarentena de manera alguna, estableciendo ahora restricciones que evidencian indudablemente que el fenómeno va al galope como caballo desbocado, sin rienda ni control alguno.

Aunque al momento de escribir estas líneas el índice de mortalidad del virus es globalmente de 4.31 %, luciendo relativamente bajo y focalizado en rangos de mayor edad, pero ¡ojo!, esa cifra es terriblemente engañosa, puesto que en ciertos lugares tales como Italia -un país del mundo desarrollado-, ese porcentaje va asentándose alrededor de un 10 % y creciendo también en forma exponencial, que es el aumento típico en estos casos en donde la población es el propio vector del contagio.

La realidad comprueba una vez más que su trote es siempre más rápido que el de la ficción. Las películas de corte apocalíptico, en donde se mostraba que las capacidades hospitalarias de las mejores economías mundiales podían ser rebasadas y abrumadas tempranamente, han quedado pálidas, porque no hay preparación posible ante un contagio de en donde el cuello de botella son los sofisticados respiradores artificiales y la capacidad instalada hospitalaria en el plazo inmediato.

El problema mayor es que las mismas redes sociales -que hoy son poderosas herramientas informativas-, actúan hoy también como mecanismos de propalación del pánico, al proyectar imágenes en donde lo que se vende es mayormente la ansiedad y la desproporción de lo que es una pandemia cuyo índice de mortalidad, aunque es relativamente bajo, al conocer muy poco de ella, permite que el terror crezca también exponencialmente.

Anecdóticamente, la primera causa de muerte en Nicaragua son las enfermedades cardiovasculares, superando en muchas veces a las que se confirma que son derivadas del Coronavirus o Virus chino, pero a hoy, no vi jamás a nadie que haya hecho anuncios y el aspaviento general por la posibilidad real e inminente de morir de un infarto o alguna afectación coronaria.

Pienso que este tipo de coyunturas debe vivirse con mucha calma y en modo de proyecto -nunca de crisis apocalíptica-, evitando caer infantilmente en un estado de psicosis colectiva, puesto que la probabilidad de morir en un accidente de tránsito será siempre mucho mayor que la de este virus, no decir la de contraer diabetes y finalmente ser vencido por esa enfermedad. Lo que afirmo es un hecho comprobado estadísticamente, no una especulación.

Pienso que, al margen de cualquier postura debemos pensar que este episodio de nuestra realidad será superado exitosamente, no tengamos la menor duda; pongámosle al mal tiempo, buena cara.

69 DONALD TRUMP: ¿EQUIVOCADO O ROMPE—ESQUEMAS?

¿Un hombre tan exitoso ha cometido un grave error? Cuidado, no se deje llevar por lo aparente.

Pienso que Donald Trump, quien a mí siempre me ha parecido un bufón elegante, pero con un indudable trayectoria de éxito la que es una verdad autoevidente, es uno de los íconos de ese hedonismo a ultranza que son hoy día los EUA, y precisamente, quien ha alcanzado esas cimas no por casualidad o azar, sino por c-a-u-s-a-l-i-d-a-d, ya que ha tenido un comprobado buen olfato en el mundo de los negocios, que a veces, para prosperar, puede requerir cantidades infinitamente superiores de inteligencia y seriedad, mucho más que en ese oficio de rufianes, como afirma el Nóbel Mario Vargas Llosa, que es la sucia política, en ese y en cualquier otro país.

Hoy se sabe con certeza -y hasta el presidente Obama lo mencionó recientemente- que el racismo es un problema real en EUA -no es una ficción- y que aunque no se quiera o no se debiera expresar en forma abierta, eso ya es otra cosa, pero la posición de Trump -aunque dolorosa- si la vemos a la luz de los sondeos de opinión, leamos los periódicos nacionales de hoy 2 de Julio, y veremos que ha calado hondamente a su favor en una mayoría WASP (*white, anglosaxon and protestant, los blancos que manejan al fin y al cabo los cables y los hilos de esa gran nación*) y que este señor está encarnando una opinión que aunque estaba oculta, va creciendo día a día. Esos son hechos, no opiniones.

Si vemos ejemplos como Europa, en donde la inmigración ilegal, con el costo social de mantener a grandes masas de indigentes y las graves implicaciones -que según se dice, yo no lo afirmo- que tiene ese masivo ejército de nuevos dependientes para la economía y el balance étnico de esos países, se ha convertido en una situación que está llegando a sus límites. Existe hasta clínicamente un síndrome que les ocurre a los turistas japoneses, cuando frecuentemente rompen en llanto y amargura al sentirse estafados con la realidad del París que ven hoy en día....

El efecto de oponerse a lo que menciona Trump, a sus afirmaciones desventuradas   -lo repito- no debe confundirse en creer que así lo harán los votantes en EUA, más bien provocarán indudablemente el despertar de esa marejada de "*opinionadores*" en esa nación que ven una oportunidad de oro para expresarse un tema que había venido siendo un legítimo "tabú", que viajaba escondido, pero que ese rompimiento de esquemas -el primero que se aventura en forma abierta a hacerlo- terminará en apoyarlo en forma contundente.

La noción de que EUA es "un país de inmigrantes" como un concepto positivo, es, según estiman algunos, algo que fue relativamente bueno en un contexto de formación inicial de una nación, pero que supuestamente ya no es una premisa útil en este momento, en el cual, se dice que hay un costo social y económico grave que está cobrando una onerosa factura; eso sin incluir algunos otros paradigmas hacia la migración, muy fuera de tono que manejan otros estratos radicales en EUA. Es singular que algunos inmigrantes tienen posiciones radicales al igual que Trump, en relación con los "nuevos entrantes", los cuales son considerados como una amenaza a ese ambiente que se va haciendo cada vez más restrictivo, y hasta cierto punto, agresivo con la etiqueta de inmigrante. ¿Paradojas? No, simplemente naturaleza humana. Supervivencia darwiniana.

Pienso, y para finalizar, que Trump está utilizando el enfoque del gran maestro Seth Godin, verdadero rompe-esquemas en mercadeo, en donde él está sacando a pasear su "vaca púrpura", algo raro pero que llama la atención al diferenciarse ahora de una masa de candidatos a la presidencia que es más bien un "collage" de similitudes indiferenciables, iguales en alma y en espíritu, cortados con la misma tijera y aburrido discurso "políticamente correcto" y calculador.

Pienso que la posición de Trump es más bien una muestra más de su capacidad de romper esquemas, concentrándose en un área o segmento de mercado que había estado oculto, pero que de su existencia nadie dudaba, y que tarde o temprano, iba a reaccionar frontalmente, rompiendo esas barreras de lo "políticamente correcto", del que llamo yo "cinismo educado" que hasta ahora en EUA, venía siendo un recurso incómodo o que se cumple a regañadientes para honrar ese ritual demandado por el *"establisment"* social.

La posición de Trump está basada en, como dice Godin, "dedíquese a ese nicho de mercado que decide verdaderamente, escójalo en un área en donde usted pueda romper esquemas, paradigmas y posiciones indefinidas".

Otra frase de ese admirado maestro Godin, aplicable para este caso, es "provoque, que aún en el escándalo, habrá personas que quedarán enamoradas de su audacia". Por favor, no subestimemos a Donald Trump.

Este caso me recuerda al austríaco Kurt Waldheim, quien fue secretario general de la ONU por muchos años, y una vez que terminó su período, se lanzó a candidato a la presidencia de su país.

Paralelamente, durante su campaña por la presidencia,

se le descubrieron unas fotografías de él en uniforme de la *Werhmacht* (ejército regular nazi), y se desató la tormenta del escándalo a nivel mundial…pero en Austria, en el país de sus conciudadanos, eso más bien le fortaleció abrumadoramente, haciéndolo ganar las elecciones "de calle" en relación con sus oponentes, habiendo quedado al descubierto que la visión del nazismo -una cruel doctrina digna de su merecida y supuesta erradicación- no estaba extinta, ni había una vergüenza o sentido de expiación colectiva o de catarsis sobre el genocidio, como algunos pensaban ingenuamente, y que la cosmovisión horrorosa del Holocausto y mil males más con que los criminales nazis torturaron a los países que cayeron bajo su bota, seguía teniendo millones de simpatizantes.

Allí estaban los votos duros en las urnas, como una penosa -pero innegable- evidencia.

La pregunta que hay que hacerse es que si lo que Trump afirma es la verdad, o si lo que nos tiene resentidos es que esa verdad no tenga remedio, ya que el resto, son juicios de valor, sobre los cuales no puede haber jamás una posición "verdadera" sino acomodaticia; todo dependerá del lado de donde usted esté mirando.

Veo, como cualquier otro espectador escéptico el torrente de opiniones -algunas hasta chistosas de ciertas exembajadoras de belleza, ahora damas otoñales, así como de triviales figuras faranduleras de TV- sobre el supuesto error y ofensa cometida por Trump…cuidado, lo obviamente claro a veces puede ser exactamente lo opuesto. Hay que preguntarse siempre a cuántas personas representa nuestra propia opinión, muchas veces nos veremos como "llaneros solitarios".

Ya veremos, como se dice popularmente, sin en realidad Trump ha hecho "una mala movida" o si es solamente una de sus estrategias de negocio; no hay que olvidar que el Dios Verdadero de EUA es el dinero, y Trump, con su trayectoria y éxito indudable, es uno de sus numerosos "Sumos Pontífices".

El tiempo dirá su verdad irreversible.
2 de julio 2015

ACERCA DEL AUTOR

Carlos Romano Flores Molina
Chinandega, Nicaragua (1966), trabajó por más de 18 años
en una de las corporaciones petroleras más grandes del
mundo. Ha escrito diversos libros sobre temas
empresariales.
Desde 2012 es fundador y director ejecutivo de Cambio
Cultural Consultores, reconocida organización profesional
que brinda servicios de asesoría, capacitación y
potenciamiento organizacional en diversos países.
Ha obtenido dos maestrías y numerosas certificaciones y
acreditaciones internacionales, incluyendo tres títulos sobre
Cultura de Servicio en *The Disney Institute*, en Anaheim,
California.
Desde 2012 escribe y publica ininterrumpidamente la
columna semanal *Competitividad Empresarial*, la que aparece
todos los miércoles en el diario *La Prensa* en Nicaragua —
tribuna de divulgación de mejores prácticas para el
mejoramiento y optimización organizacional.
Puede escribirle a:
direccion@cambiocultural.net
Las columnas se publican también en
Cambiocultural.blog